JN005741

ミュージアムグッズのチカラ

The POWER
of MUSEUM GOODS

大澤 夏美

Natsumi Osawa

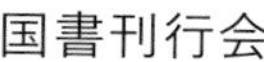

国書刊行会

Contents
もくじ

Chapter 3 マニアックを堪能したい

Chapter 4 もっと深く学びたい

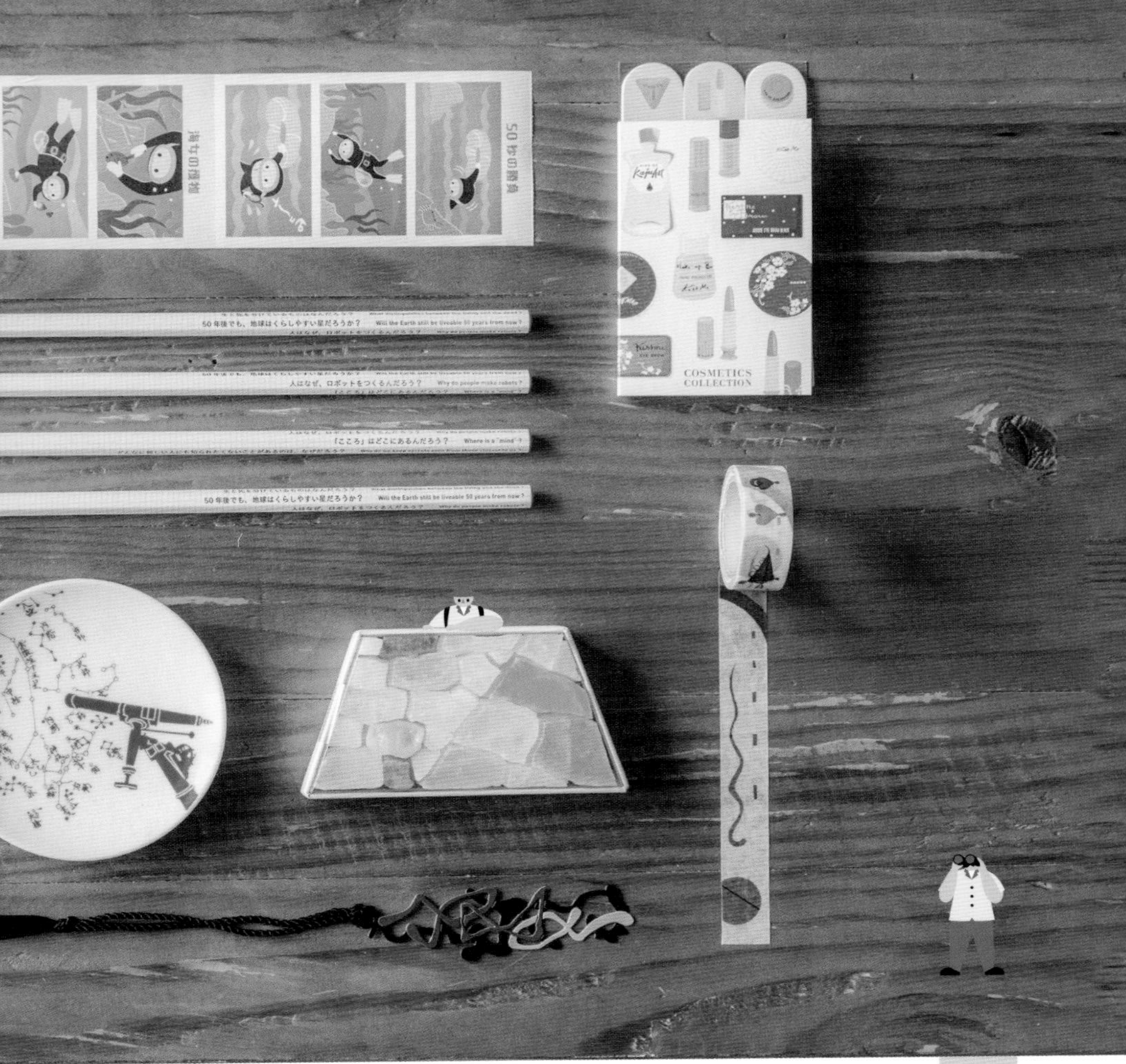

はじめに

Introduction

博物館って、いいよね？

この本を通じて、読者の皆さんとそのような想いを語り合うことができればと思います。

私の頭の中は文字通り、ミュージアムグッズでいっぱい。24時間、365日、ミュージアムグッズのことばかり考えています。自宅には1000点を超えるコレクションがあり、修士論文もミュージアムグッズについて。ミュージアムグッズに関するリトルプレスも制作し、イベントやメディアなどでミュージアムグッズを通じた博物館の楽しみを伝え続けています。

「ミュージアムグッズやショップは、博物館のエンドロールだ」

初めて作ったリトルプレスの序文に、私はそう書きました。今でもその思いは変わりません。ミュー

ジアムショップはただの売店ではないですし、ミュージアムグッズはただの雑貨ではありません。博物館での思い出を持ち帰るための大切なツールであり、博物館の社会教育施設としての使命を伝える手段でもあります。博物館が映画そのものなら、ミュージアムグッズやショップはそれを総括するエンドロールにあたるのだと考えています。

この本では、そんなミュージアムグッズをたくさん紹介しています。作り手の想いを聞かせてもらうために、日本中を駆け回って開発秘話を伺いました。すべては、ミュージアムグッズを通じて、博物館を愛する人が増えてほしいから。

さあ、この本を読んで、ミュージアムグッズの世界に飛び込んでみましょう。博物館をもっと輝かせる「チカラ」に、満ち溢れています。

本書の楽しみ方

この本では、全国のミュージアムグッズを下記のように分類しました。
博物館の楽しみ方ごとに章立てをしているので、
読み進めるごとに博物館の魅力に夢中になります。

Chapter 1

かわいいを楽しみたい

ミュージアムショップで見つけた「かわいい」。実はそこにも博物館のメッセージが込められています。

Chapter 2

感動を持ち帰りたい

「博物館で得た感動を、このまま記憶に留めて持ち帰りたい！」そんなあなたにピッタリのミュージアムグッズがあります。

Chapter 3

マニアックを堪能したい

博物館の専門性を生かした、マニア心をくすぐるミュージアムグッズもたくさん！　お気に入りと出会えます。

Chapter 4

もっと深く学びたい

学びの場所としての博物館を味わいたいあなたに、おススメのラインナップ。ミュージアムグッズを通じて学びを深めましょう。

※本書に掲載した内容、肩書、所属は、2020年7月～2021年2月までの取材時のものです。
※2021年6月現在の、税込価格を掲載しております。
※本書出版後、内容や料金などが変更になる可能性がございます。予めご確認の上お出かけください。
※本書に掲載された内容による損害等は対応・補償しかねます。予めご了承ください。

Chapter

1

かわいいを楽しみたい

東京都

アーティゾン美術館

キーホルダー ブランクーシ《接吻》1,980円（税込）
ブックマーク ジャクソン・ポロック《ナンバー2、1951》1,980円（税込）
マスキングテープ 15mm ヴァシリー・カンディンスキー《二本の線》275円（税込）

ミュージアムショップは、時代性と、クリエイティビティを注ぐ場所

2020（令和2）年1月に開館した、アーティゾン美術館。ブリヂストン美術館だった時代から足しげく通っていましたが、入ってみてビックリ。全く印象が変わっていました。開放的で明るいエントランスをくぐると、「新しい美術館に生まれ変わったんだな」という感動で満たされます。豊富な収蔵品をより一層楽しめるようになりました。ミュージアムショップも一新！　オリジナルグッズも数多く、その品揃えの多様さにも驚かされます。だって、ブランクーシ《接吻》のキーホルダーなんて、ジャクソン・ポロックのブックマークなんて、ここでなくては買えませんよね。マスキングテープも品ぞろえが豊富。「この作品までグッズ化しちゃうんだ！」と嬉しくなってしまいます。展覧会を楽しんだ記憶を持ち帰るという、ミュージアムショップの基本的な楽しみを存分に味わうことができます。今回はアーティゾン美術館クリエイティブディレクターの田畑多嘉司さんにお話を伺いました。

オリジナルグッズを中心とした商品構成

——ブリヂストン美術館のショップもお伺いしたことがありました。その当時からかなり印象が変わりましたね。

田畑　ブリヂストン美術館からアーティゾン美術館に移行するにあたり、特にミュージアムショップは、ゼロから全く新しいショップをつくる、という思いでスタートしました。

——オープンの際に参考にしたショップはございましたか。

田畑　イギリスのロンドンにある、テートモダンと、デザインミュージアムには大いに刺激を受けました。どちらも増築や新館ができるタイミングでショップをリニューアルしたと聞き、3年ほど前に視察に行きました。両方とも相当充実していました。仕入れ商品を中心に展開されていましたが、きちんとセレクトされた商品が多く、ミュージアムショップの域を超えている印象でしたね。

——アーティゾン美術館のミュージアムショップは、美術館の直営なんですよね。

田畑　そうですね。ミュージアムショップやカフェは場所貸しや委託が多いですが、我々の場合は最初から直営にすると決めていました。ミュージアムショップにも美術館の目を行き届かせたかったんです。

——新しいミュージアムショップになって、「美術館のコレクションを大事に発信していくんだ」という気持ちがより強く出ていると感じました。

田畑　館名を変更するというのは社会的に非常にインパクトがあります。もちろん賛否両論はありましたが、ゼロからスタートするという、またとないチャンスだと思いました。まずミュージアムショップがやるべきこととして、新しい館名を浸透させることがありました。そこで、購入したグッズを入れるショッパーのデザイン性にこだわりましたね。持ち歩きたくなるデザインにして、新しい館名を浸透させることを狙いとしています。

——商品展開に関して工夫された点はありましたか。

ショッパーはオリジナル家具とも相性ばっちり。トータルでデザインされているのがわかります。

田畑　アーティゾン美術館は、コレクションを中心とした企画展を開催しています。ですので、直営でショップをやる意味としては、美術館のコレクションを鑑賞した後に、その余韻をそのまま持ち帰ってもらうことにあります。その意味で、商品全体のうちオリジナルグッズの割合を70～80％くらいとしています。残りの20～30％は一般商品を仕入れていますが、テートモダンやデザインミュージアムのショップのように、デザイン性の高い商品展開をしていきたいと思っています。

作品の垣根を超えて、野球チームをつくるように

——ミュージアムグッズをつくっていく中で何か発見はありましたか。

田畑　オリジナルグッズは、それぞれのグッズが共通性を持つような形で世界観が生まれてきました。どういうことかというと、ある作品をボールペン、クリアファイル、ノート……と異なる商品に展開すると、何だかシリーズもののように見えてきて、ひとつのファミリーのように見えてくるんです。お客様にもその面白さが伝わるのか、「ノート買おうかな、でもマスキングテープもいいな……両方買っちゃおう！」という連鎖につながっていきます。デザイン面でも、作品をた

だそのまま全図でグッズに載せるのではなく、トリミングしてみたり。アーティゾン美術館という目を通すとこのような形になる、というひとつの表明になりますね。

――オープンの際からオリジナルグッズがたくさん並んでいましたが、最初のグッズのテーマになる作品は、どのような基準で選ばれたのですか。

田畑　2020（令和2）年1月にスタートした開館記念展「見えてくる光景　コレクションの現在地」では、休館中に収蔵した作品を、ぜひ多くの方に見て欲しかったので、そのグッズを中心に制作しました。中でも、カンディンスキー《自らが輝く》は開館記念展のポスターにも採用したので、たくさんグッズをつくりましたね。ですので、カンディンスキーを中心にバランスを見ながら、抽象画ではないルノワールやマネのグッズなどもつくりました。今までは、印象派なら印象派でひとまとめにしてグッズをつくっていましたが、もっと作品それぞれの個性を楽しんでほしくて、多様なコレクションを元に、ひとつの野球チームをつくり上げるような感覚で取り組みました。

――今後グッズ化してみたい作品はありますか。

田畑　家具や什器もオリジナルで製作したので、それをそのまま売ってもいいかなと思っています。あと、この美術館は建築も特徴的です。1階の床材に使われている人造大理石は、富山県の工場にお願いしてオリジナルで製作しました。床面のデザインは、館名にもなった「水平線」を意識した白いラインが入っています。そういったデザインや建築の材料が印象的な美術館になっていると思います。建築の一部をグッズにしてみるのも面白いかもしれませんね。

ミュージアムショップから創造性を提供する

――博物館におけるミュージアムショップ、ミュージアムグッズの役割をお聞かせください。

田畑　美術館を見た余韻を持ち帰る役割はもちろんあります。自分が気持ちを込めて鑑賞した思い出や、作品とコミュニケーションを取った記憶を持ち帰りたいですよね。その時に、グッズに姿を変えて持っていられるといいなと。もうひとつ、美術館を親しみやすくするためには、ショップやカフェは非常に重要だと考えています。ショップやカフェが入り口でもいいと思っていて、展覧会の前に訪れるのもアリだと思います。アーティゾン美術館はそれが可能な設計になっています。

――経営的な面でも、ショップやカフェは重要ですよね。

上／「水平線」を意識した1階の床。この素材を生かしたグッズ……欲しい！　下／ロゴバッグも色やデザインの展開が豊富。

左／このマスキングテープの量！　お値段もお手頃で何種類も購入したくなってしまいます。右／明るいミュージアムショップの店内。お客さんでにぎわっています。

田畑　展覧会は興行の側面もありますしね。ただ、美術館はショップやカフェも含めた全体で、クリエイティビティを体感できる場所であってほしいと思っています。カフェであれば、美味しさはもちろん、「こんなメニューがあるんだ！」という驚きがあるといいですし、ショップであれば「こんなボールペンがあったんだ！」という素敵な出会いがあるといいですよね。もちろん仕入れ値の安さなども大切なのですが、何よりも創造性がある場所であることが重要だと思っています。

――アーティゾン美術館のミュージアムショップとして、そこで販売されている商品はどう在るべきか、という点を大切にされていますね。

田畑　私は過去に文具会社に勤めていたことがあり、主に中学生向けに商品開発をしていました。その時に学んだのは、やはりある程度レベルの高い商品でないとダメで。喜ばれないんですよね。商品の価格が高い安いではないですし、高価な素材を使っていればよいかと言われれば、そうではないんです。子供たちの気持ちになって、頭を柔軟にして考えていかないといけないなと実感しました。

――先ほどの「クリエイティビティを注いでいるかどうか」という点を、買い手は見ていますよね。

田畑　そう思います。そしてミュージアムショップ、ミュージアムグッズをつくるうえでは、流行に乗ってはいけないですが、大まかな時代性を常に感じていることも大事だと考えています。創造性と時代性。この2つを常に意識しながら、今後もショップやグッズから美術館を盛り上げていきたいですね。

Information

写真提供：アーティゾン美術館

アーティゾン美術館

〒104-0031
東京都中央区京橋1-7-2
https://www.artizon.museum/

✓ オンラインショップURL　https://shop.artizon.museum/

お問い合わせ
ハローダイヤル TEL 050-5541-8600

Location 岩手県

もりおか歴史文化館

《水虎之図》シリーズ
河童トートバッグ（大漁／抱きつき） 各3,500円（税込）
殿さま一筆箋　一筆啓上致し候 各220円（税込）

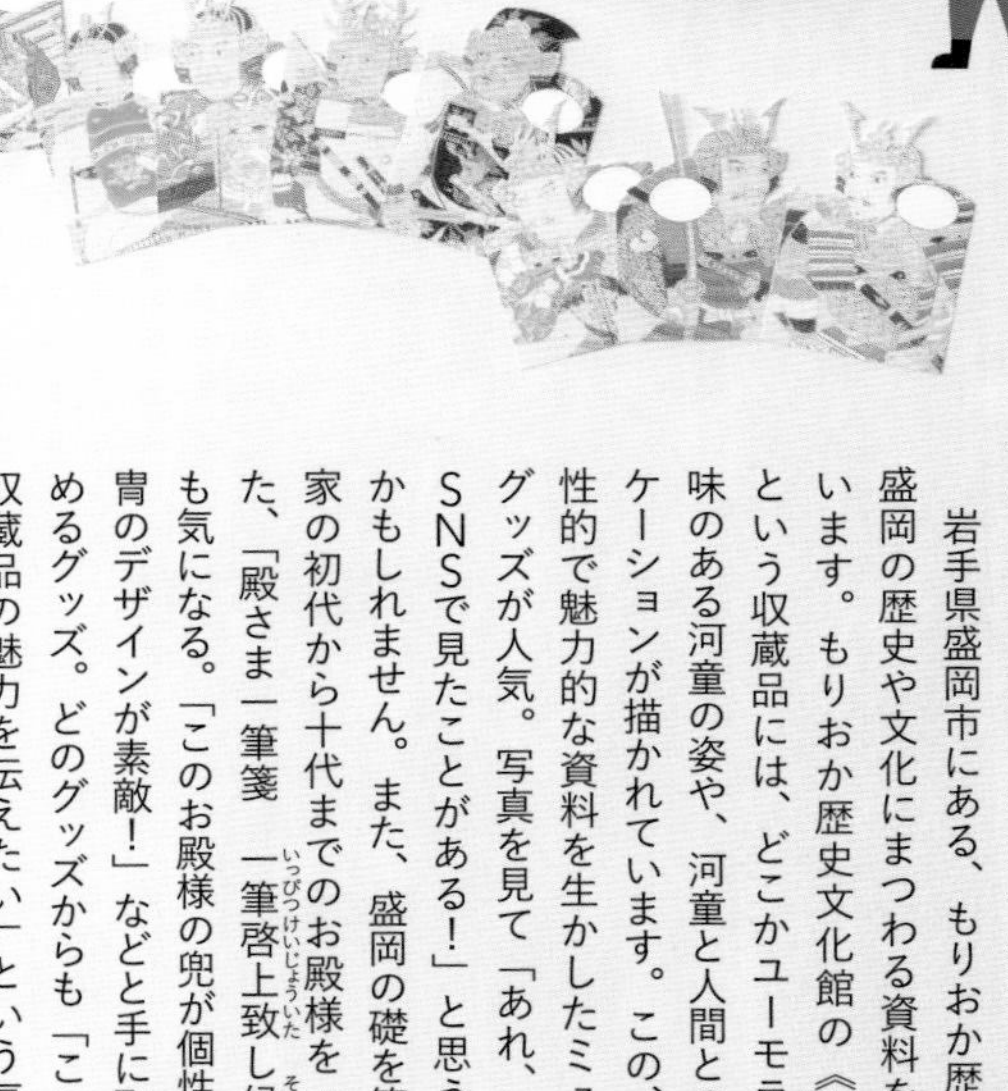

うちの子たちはみんな面白くて、カッコいいと思っています

岩手県盛岡市にある、もりおか歴史文化館。盛岡の歴史や文化にまつわる資料を収蔵しています。もりおか歴史文化館の《水虎之図》という収蔵品には、どこかユーモラスで人間味のある河童の姿や、河童と人間とのコミュニケーションが描かれています。この、何とも個性的で魅力的な資料を生かしたミュージアムグッズが人気。写真を見て「あれ、この河童、SNSで見たことがある！」と思う方も多いかもしれません。また、盛岡の礎を築いた南部家の初代から十代までのお殿様を一筆箋にした、「殿さま一筆箋　一筆啓上致し候」もとても気になる。「このお殿様の兜が個性的！」「甲冑のデザインが素敵！」などと手に取って楽しめるグッズ。どのグッズからも「この博物館の収蔵品の魅力を伝えたい」という気持ちが伝わってきます。今回は、もりおか歴史文化館で学芸員をされている、小西治子さん、福島茜さんにお話を伺ってきました。収蔵品を「うちの子」と呼ぶ、愛に溢れたミュージアムグッズ製作の秘話を、どうぞお楽しみください。

資料を生かすデザインと製法

――「《水虎之図》シリーズ」Tシャツやトートバッグなどについて、開発のきっかけを教えてください。

福島　荒俣宏さんの『荒俣宏妖怪探偵団ニッポン見聞録・東北編』（学研プラス）という書籍が2017（平成29）年に出版されたのですが、その書籍を制作する際に《水虎之図》に登場する河童に注目していただき、盛岡に取材に来ていただいたんです。担当編集をしてらっしゃった方が、物凄くこの河童を気に入ってくださって。「グッズを作るならぜひ私どもにやらせてもらえないか」というお話をいただきました。ちょうど《水虎之図》を企画展で紹介する予定があり、まずはTシャツを作ることになりました。そのTシャツが好評で、トートバッグも作っていただきました。

上／1階の観光交流ゾーンのテーマは「祭り」。色鮮やかな装飾を纏ったチャグチャグ馬コは等身大！　下／2階の歴史文化ゾーンでは、城下町の成り立ちなどを豊富な資料で学ぶことができます。

――このシリーズのグッズはデザインが特徴的ですね。

小西　デザインとイラストはSean fondaさんというデザイナーさんにお願いしました。お話を伺ったところ、「ミュージアムグッズとしてインパクトも大事だと思う反面、おもしろグッズだけに終わらせたくない気持ちがありました。この不気味さとかわいさを活かしながら、普段でも使いたいと思えるデザインを目指しました」と仰っていました。

――「河童トートバッグ（大漁）」は、資料では「漁師の網にかかったので殴り殺した」という内容ですよね。

福島　衝撃的な内容ですが本当にその通りで、資料の絵には河童が1匹しかいないですが、「14〜15匹かかった」と書いてあります。

小西　「あっ、だからこんなに河童がたくさん描かれたトートバッグやTシャツになっているんだ」と、ちゃんと資料に基づいているということが分かってくれたら嬉しいですね。

――トートバッグの染色は、地元の染め物の会社さんにお願いしたと聞きました。

福島　このトートバッグでは、河童を全面に印刷し、バッグにしがみついているようなデザインにしたいと考えていました。ただ、オリジナルでプリントを請け負ってくださる他の会社では、バッグの真ん中の一部分にしかプリントできないところが多いみたいで。

小西　そこで、巴染工さんという盛岡の染物屋さんにお願いしました。元々お着物も作られている会社なので、反物から作ることができるのではと考えました。

福島　ですので、トートバッグをオリジナルで作ったというよりは、巴染工さんにオリジナルの布を作ってもらいましたね。以前別のグッズ製作をお願いしたことがありまして、そのご縁からご相談できました。このトートバッグ、普通のものとは布のとり方が違うんです。普通のトートバッグは袋の横を縫い、底は繋がっていますよね。でもこのバッグは河童の腕をきれいにつなげるために、背面の真ん中に縫い目があり、底も縫っています。こだわりが詰まっているんです。

うちの子だって、やればできるし！

――「殿さま一筆箋 一筆啓上致し候」が誕生したきっかけをお聞かせください。

小西 2016（平成28）年に「盛岡南部家の生き方」という企画展示があり、南部家の16人の殿様にスポットを当て、順次紹介しました。その図録の校正作業をしていた時に、福島さんが廃棄する校正紙から殿様の部分だけを切り抜いて、私のキーボードに伝言メモとして挿していたんです。それにすごく癒されたと同時に、「これは商品になるのでは？」と思いました。

福島 作業中の思い付きだったのですが、すごくかわいくできました。南部家は全国的にメジャーな存在ではないので、一筆箋を通して、ちょっと親しみを持ってもらえればうれしいですね。

小西 もりおか歴史文化館には南部家歴代の当主の資料があるので、それを使って殿様のキャッチフレーズも含めた一筆箋を作れば、それぞれの殿様の個性がでるのではないかと。これは社会福祉法人自立更生会北上アビリティセンター（以下、北上アビリティ）さんに製作をお願いしました。

福島 この一筆箋、実は型抜きが細かすぎて、普通の機械ではできないんだそうです。そこで、北上アビリティさんが持っている、小さなカッターがついた機械で作っています。普通の文房具メーカーさんではサンプルを製作する際などに使う機械らしいですが、とても細かく切れるんです。元になったデザインデータは私が作って、印刷と加工だけを、非常に少ないロットで対応していただいています。

小西 購入者ごとに推しの殿様がいらっしゃるのか、それぞれ売れるペースが異なります。初代の南部信直、二代の南部利直、兜に鳥居が付いた八代の南部利視が人気なのかな。

福島 八代の南部利視は、当館学芸員が最も推していると言っても過言ではないですね。やんちゃなエピソードが多くて面白い殿様なんですよ。でもどの殿様にも等しく愛があるので、私達のこの愛を皆さんに伝えたくて。

――収蔵品の活かし方に悩まれている博物館が多い中で、もりおか歴史文化館の「南部家十代を一筆箋にしました！」という姿勢は本当に格好いいと思います。

小西 確かに私たちの博物館も、収蔵品自体は地味だったり、知名度は高くないかもしれません。ただ、私たちはこれらの収蔵品を「面白い！」と思っています。お手に取った方々がミュージアムグッズを通じて、日常で盛岡の歴史や文化に触れるきっかけになればいいなと思いますね。

福島 「もしこの子たちがもっと大規模な博物館にあったら、すごく有名になるだろうに」「うちの子だって、本当はやればできるし！」と思っているんです。

小西 そうそう。うちの子たちはカッコいいですよ。

――「うちの子」という言葉から愛が伝わります。

福島 日頃の学芸業務に加えてグッズ制作の作業をしているので、やっぱり愛がないとできないですよね。

盛岡藩時代の町屋の再現展示も。当時の街中を歩いているような気分になれます。

ミュージアムグッズでつなぐ、盛岡の姿

福島 《水虎之図》のTシャツを販売した時は、SNSで「もりおか歴史文化館ってとこ

上／「《水虎之図》シリーズ」のグッズ。これはほんの一部です。すごい迫力！　下／「殿さま一筆箋 一筆啓上致し候」のコーナー。お殿様それぞれの個性が伝わってきます。

ろで、ヤバいTシャツを売っている！」と少し話題になりました。今までこの館をご存じなかった人に知ってもらえたと思うので、ミュージアムグッズを作る意味は絶対にあると思っています。それに、「ヤバい展示」よりも、「ヤバいグッズ」を売っている方が、話題として広がりやすいと感じます。展示を見に行くのは習慣のない人にはハードルが高いかもしれないけど、物を買うという行為は博物館が好きではなくても皆さんやることですよね。

――博物館におけるミュージアムショップ、ミュージアムグッズの役割は何だと思いますか。

小西　ミュージアムグッズは博物館の顔というか、名刺代わりになるものだと思っています。「どうも、これが私達もりおか歴史文化館です」「あっ、こんな面白いところなんだ」ということを、ミュージアムグッズを通して伝えることができれば。歴史系の博物館はお堅い場所だというイメージを持たれやすいので、「こんな面白いグッズがあるの。じゃあ行ってみようかな」という橋渡しになるといいなと思ってます。

福島　私は「テイクアウトできる展示」かなと思います。ミュージアムグッズは展示とイコールではないですが、「この河童のTシャツどこで買ったんだっけ、ああそうだそうだ、盛岡に行った時に博物館で買ったんだ」という、記憶の引き出し口というか、きっかけになるものかなと。ですので、展示のプラスアルファで隣接した存在として、ミュージアムグッズがあると良いなと思います。最後の展示室がミュージアムショップというような気持ちでいます。その理想にはまだたどり着いてはいないですが。目標としてはそういう関係性を作りたいですね。

小西　最近はオンラインショップやSNSも運用しているので、それらを活用しながら盛岡の姿を発信していきたいですね。

Information

もりおか歴史文化館
〒020-0023 岩手県盛岡市内丸1-50
https://www.morireki.jp/
✓ **オンラインショップURL**
http://www2.enekoshop.jp/shop/morireki/

お問い合わせ　**もりおか歴史文化館ミュージアムショップ**
TEL 019-681-2100　**MAIL** info@morireki.jp

Location 奈良県

奈良文化財研究所 飛鳥資料館

国宝木簡てぬぐい 1,001円(税込)

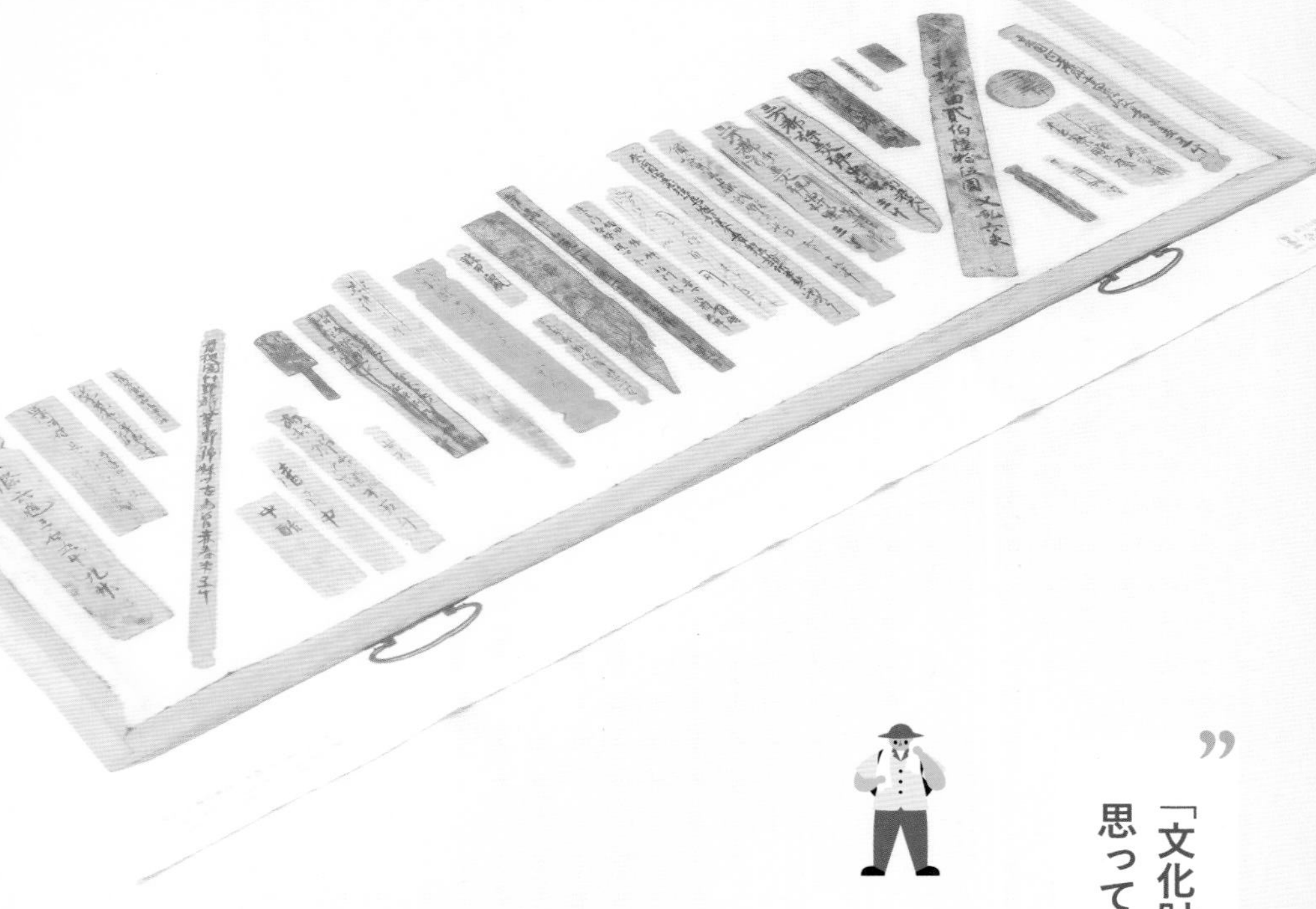

“「文化財の研究って面白いな」と思ってもらえたら嬉しいです”

「ミュージアムグッズ　手ぬぐい」で検索していると、不意に目に飛び込んできたのは、手ぬぐい上に並べられた木簡の数々。木簡は形も内容も様々で、どうやら平城宮跡から出土したものとのこと。しかも国宝？　国宝が手ぬぐいになっちゃったってこと？　そもそもこの木簡には何が書かれているの？　と次々と謎が浮かびます。早速手に入れて同封のブックレットを開くと、そこには木簡のワンダーランドが広がっていました。木簡って、こんなに研究されているんだ。木簡が出土してからプロセスを経て保存されているんだ……と発見ばかり。

手ぬぐいひとつでこんなに学べてしまうなんて、すごいとしか言いようがない！　これはミュージアムグッズ開発にまつわるお話を聞きに行きたい。ということで、奈良文化財研究所飛鳥資料館学芸室アソシエイトフェローの小沼美結さんにお話を伺ってきました。

研究員のこだわりはミュージアムグッズの個性になる

——まずは「国宝木簡てぬぐい」が生まれた背景をお聞かせください。

小沼　「国宝木簡てぬぐい」は、木簡が国宝に指定されたタイミングで開発を始めました。「木簡の価値ってどこにあるんだろう」と考えたとき、やはり「文字がちゃんと読めないといけないよね」となったんです。これまでに製作した手ぬぐいは、注染という技法や、布へのプリントで作っていました。ただ、木簡の形や文字をトレースしたデザインでは、実物のリアル感が出せないなと感じました。そこで、写真をプリントしたらいいんじゃないかという話になりまして、その加工が可能な業者さんを探して、協力して開発を進めました。

——開発で苦労された点はありますか。

小沼　実物に近い色が出なくて大変でした。私たちは文化財を扱っているので、例えば報告書に記載するときも色校正は結構シビアなんです。色を実物と全く一緒にするのは無理でも、ミュージアムグッズと実物を見比べた時に、「あれ？　何か実物と違うね」とならないように気をつけました。

——デザイン面ではどんな工夫をされましたか。

小沼　ただ木簡を並べるだけでは面白さに欠ける気がして、もう一工夫を……と思っていました。その時に、あるテレビ番組に奈良文化財研究所が登場して、木簡が桐の引き出しに保管されているところが紹介されたんですよね。出演していたタレントさんが「こうやって大切にされているんだ」と驚いている姿を見た時に、「引き出しはいいかも！」と思いました。引き出しの形状が手ぬぐいに近いので、手ぬぐいを手に取った方が引き出しを開けた気分や、保管している木簡を取り出した気分を味わえたらいいなと。

——確かに、木簡が引き出しに保管されているなんて知らなかったです。

小沼　手ぬぐいのデザインを検討している時には、「センターはどの木簡にする？」という話も出ましたね！　木簡などの史料を研究している研究員の声を生かし、平城宮跡で初めて出土した木簡を真ん中にするとか、マニアな人にはわかるかもという仕掛けを入れました。また、研究員と一緒に木簡と木簡の隙間や、配置も細かく検討しました。研究員のこだわりを大切にすることで、奈良文化財研究所にしか作れない、個性のあるミュージアムグッズにできると思うんですよね。

初心者もマニアも取り込む仕組みとは

——ミニブックが同封されているのが、何よりの注目ポイントですよね。

小沼　注目していただけて嬉しいです！「ミュージアムグッズがかわいいね、面白いね」で終わるだけでなく、もう一歩先に行きたくて、このミニブックで何かアカデミックな話をしてみたかったんです。まず、木簡のことをよく知らない方には、「木簡とは何か」「手ぬぐいに載っているような状態になるまでにどんな過程を経ているのか」をわかりやすく伝えたくて、ミニブックの表面ではそれを写真で紹介しました。そこから、「奈良文化財研究所はこういう仕事をしているんだ」「木簡って重要な文化財なんだ」というのも伝わったらいいなと思いまして。裏面には、木簡に書かれていることの概要と釈文を入れました。もっと詳しい内容を知りたい方には、QRコードから、解説を掲載したホームペー

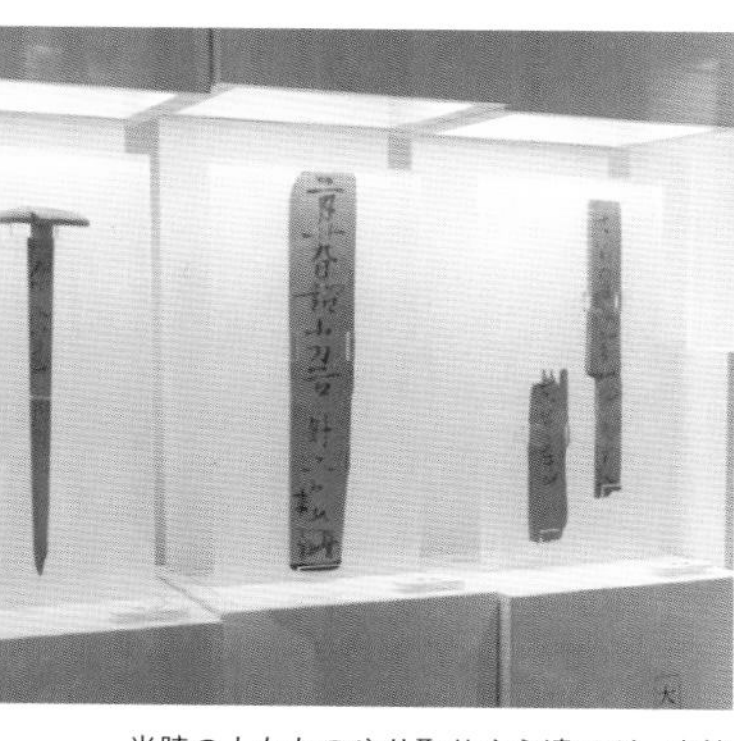

当時の人たちのやり取りや心遣いが、木簡から伝わってきますね。

ジへアクセスできるようになっています。木簡が好きな方って、実はたくさんいらっしゃるんですよ。奈良文化財研究所でも木簡だけの展覧会を毎年開催しているくらい。そういう方のマニア心を100パーセント満たせるものにしたかったのが、この裏面なんですよね。ちなみに、掲載している写真のほとんどは、ミニブックのために、研究員や所内のカメラマンと撮りおろしたものです。

――写真も撮りおろしですか！　すごい。しかも研究員さんとですか。

小沼　ミュージアムグッズの開発にあたっては、あえてデザイナーさんに入ってもらっていなくて、所内の研究員やスタッフだけで

開発メンバーの皆さん。左から、奈良文化財研究所飛鳥資料館学芸室スタッフの西田紀子さん、小沼美結さん、辻本あらたさん、美濃久美子さん。

作っています。展覧会の広報物や図録を作るときには、外部のデザイナーさんに参加してもらって、新しい意見ですとか、視点を取り入れるようにしています。でもミュージアムグッズは、研究員が史料を見る目線などをダイレクトにミュージアムグッズで表現したいんです。だからこそ、所内の研究員やスタッフが製作に直接関わることで、まだ知られていない文化財の魅力や、その研究に携わる人の生のメッセージをグッズとして形にすることができたらなと。

ミュージアムグッズで研究成果を社会に還元する

――ミュージアムグッズ開発において、どのようなものを作り続けたいですか。

小沼　奈良文化財研究所は、名前の通り文化財の研究機関ですので、個人的には「デザインはかわいいけど、中身がないよね」というようなものではなく、デザインを大切にしつつ、よく見たら驚くほどアカデミックな中身のあるグッズが作れたら面白いかなと考えています。あと、「文化財の研究機関がこんなミュージアムグッズも作るんだ！」という驚きのようなものを提供したいということも常に意識していますね。

――アカデミックな内容だからこそマニアも満足の一品に仕上がっているわけですね。

小沼　ただ、私のような考古学を専門に学んでいないような人にとっては、マニアックな部分を押し出しすぎると、ちょっと敷居が高くなってしまうと思うんですよね。そこで、デザインにこだわったり、手に取りやすい身近なアイテム（トートバッグや手ぬぐいなど）でグッズを製作することで、文化財に興味がある人から、あまり接点のない人まで、多くの人が文化財に親しむきっかけとなるようなグッズにしたいと思っています。

――ミュージアムグッズ開発にあたって気を付けている点はありますか。

小沼　開発のために研究員から話を聞いた時に、私自身や一緒に製作を担当するメンバーが「あ、そうなんだ！」と思った感覚をでき

受付の一角でミュージアムグッズを取り扱っています。

るだけ取り入れるようにしています。基本的には、私が最前線で研究員の話を聞くことになるので、私自身が研究に触れた時の新鮮な気持ちをグッズに落とし込み、たくさんの人と共有したいです。例えば、土器の実測図をモチーフにした手ぬぐいだと、「こんなに細かく線を入れるの？」とか、「並べ方にこだわりがあるんだ！」と驚いた感覚を忘れないようにして、グッズとして形にしました。とはいっても、開発を続けていると、だんだん自分もマニア寄りの目線に近づいてしまうので、一緒に開発している研究員以外のスタッフの視点も大切にしています。パッケージに載せる紹介文ひとつとっても「その表現だと少し難しすぎるんじゃない？」というような、仲間の意見も非常に貴重ですね。

——周りからはどんな反響がありましたか。

小沼　所内の研究員の反応が興味深かったですね。実は、当初は「土器の実測図が載った手ぬぐいなんて売れるの？」というような声も所内であったんですが、予想以上の売れ行きや反響に驚いている人が多かったです（笑）。研究員からすると普段から見慣れているものですし、「これの何がいいの？」「本当に売れるの？」と思ってしまいますよね。ただ、繰り返しミュージアムグッズ開発を行っていくうちに、ミュージアムグッズの持つ力や可能性を知って、協力してくれる研究員やスタッフが増えていきました。

それと同時に、「これが面白いんだ！」「こんなに喜んでもらえるんだ！」と、ミュージアムグッズを通して、文化財研究や活用の新たな価値や可能性も少しずつ分かってもらえている気がしています。文化財は、それを専門に研究したり学んだりしている一部の人だけのものではありません。たくさんの人が文化財に親しみ、研究成果を享受できるように「こんな研究の還元の仕方があってもいいんじゃない？」というのが私の思うところですね。

上／小沼さんに水落遺跡をご紹介していただいているところ。この遺跡の図面はトートバッグに！　下／発掘調査ではこのような瓦が出土することも。この瓦も手ぬぐいになっています。

Information

奈良文化財研究所　飛鳥資料館
〒634-0102
奈良県高市郡明日香村奥山601
https://www.nabunken.go.jp/asuka/

写真提供：奈良文化財研究所 飛鳥資料館

✓ **ショップURL**
https://www.nabunken.go.jp/asuka/shop/about.html

お問い合わせ　**TEL** 0744-54-3561　**FAX** 0744-54-3563

01

Location 香川県

丸亀市猪熊弦一郎現代美術館（MIMOCA）

ハッピ（男女兼用Lサイズ） 3,850円（税込）

Point

ミュージアムショップには、他にも様々なミュージアムグッズが並んでいます。身の回りの文房具や食器を、ここで揃えるのもアリかも。

ハッピでハッピーバースデー

猪熊弦一郎デザインのハッピ！　ミュージアムグッズならではの一品

香川県にある丸亀市猪熊弦一郎現代美術館（MIMOCA）のミュージアムショップの品ぞろえの豊富さには、いつも驚かされるばかり。いつ行っても飽きないほど楽しいのです。この美術館の開館の際、猪熊弦一郎自らがミュージアムグッズ開発に参加しました。「人々の身近なところに美しく、愉しいものを」という、猪熊弦一郎の考えが込められたミュージアムグッズ。どれを紹介しようか迷いますが、ここでぜひ紹介したいのがオリジナルのハッピ！

Tシャツももちろん素敵ですが、ここであえてハッピを手に取ってみてはいかがでしょう。猪熊弦一郎が自身の卒寿（90歳）のお祝いにデザインし、襟元に「90祭」の文字が書かれており、卒寿のパーティでは出席者全員がこのハッピを着てお祝いをしたそう！　このようなミュージアムグッズが購入できるのも、ミュージアムショップの醍醐味です。長生きを祝うこれぞお祭り。見る人の心に優しい灯をともす、彼の作風が反映されていますね。晩年にこのようなエネルギッシュな作品を制作していた猪熊弦一郎にあやかって、ここぞ！　という場面でぜひ羽織ってみて。

How to use

オンラインイベントやオンライン飲み会の際に着てみるのはどうでしょう。鮮やかな緑、大胆な作風が画面越しに映えます。「どこで買ったの!?」と驚かれるはず。

Information

丸亀市猪熊弦一郎現代美術館（MIMOCA）

〒763-0022 香川県丸亀市浜町80-1

https://www.mimoca.org/

✓ **オンラインショップURL**

https://www.mimoca.org/ja/shop/

お問い合わせ

丸亀市猪熊弦一郎現代美術館ミュージアムショップ（MIMOCA）

TEL 0877-24-7755　**FAX** 0877-24-7766

MAIL shop@mimoca.org

photo by Yoshiro Masuda

02

Location 東京都

紅ミュージアム

クリアファイル（全2種） 385円（税込）
ブック型ふせん 440円（税込）／**メモパッドスクエア** 385円（税込）

Point

館内では、小町紅の試し付けが可能。科学的なアプローチで紅の不思議に迫る、紅花の花弁から色素を抽出するミニ実験もできます（実験は有料・要事前予約）。

紅の不思議、化粧の魅力

紅の色合いに魅了される！　化粧の楽しみを再認識できるミュージアム

紅花の花びらから抽出した赤の美しさに心を奪われたり、日本の化粧品の歴史を学んだり。そんな体験ができる紅ミュージアムは、江戸時代、１８２５（文政８）年創業の紅屋、伊勢半本店が運営する資料館です。ミュージアムショップでのおススメは、２０２０（令和２）年12月に登場したかわいいステーショナリー。江戸時代から近現代の化粧道具がモチーフになっています。「Ａ５ポケットクリアファイル」はWHITEとREDの２色展開。WHITEには近現代の化粧品が、REDには江戸から明治の化粧道具と小町紅が掲載されています。イラストも学芸員が監修済みで、ブック型ふせんやメモパッドもあります。かわいい上に、その色合いや形の再現度が高いのもポイント。常設展示を見るとより楽しんで使えます。「お化粧ひとつとっても、歴史と共にいろんな商品が誕生して、文化があるんだよね……」とメイク道具にも歴史があることを知ると、少し世界が違って見えてきます。普段何気なく使っているメイク道具も、紅ミュージアムに行った後だと、さらに愛着がわきそうです。

How to use

クリアファイルは小さめのバッグにも入るA5サイズ。マスクケースにもいいかも。ブック型ふせんやメモパッドは、メイク好きな人へのおみやげにも最適。

Information

紅ミュージアム

〒107-0062
東京都港区南青山6-6-20 K's 南青山ビル1F
https://www.isehanhonten.co.jp/museum/

✓ **オンラインショップURL**
https://isehanhonten-onlineshop.com/
※全ての商品を、館内ミュージアムショップでご購入・ご予約できます。

お問い合わせ

メールフォーム
https://www.isehanhonten.co.jp/contact/

写真提供：紅ミュージアム

03

Location 東京都

五島美術館

五島美術館オリジナル 古鏡ミラー 1,650円(税込)

Point

五島美術館の古鏡コレクションはどれも名品ばかり。「これが本当に私も使えたらなぁ」とため息が出ちゃうほど美しいのです。単眼鏡などを持参して、展示で装飾の美しさをぜひチェックしてみてください。※常設展示はしていません。

文様およびパッケージデザイン：内海真由美

五島美術館の名品を手のひらに

古鏡モチーフの手鏡で、今の自分を映そう

世田谷の住宅街を歩いていると現れる緑豊かな五島美術館。国宝の源氏物語絵巻や紫式部日記絵巻、茶道具、陶磁器、古写経など、貴重な美術品が収蔵されています。美術ファン垂涎のコレクションをじっくり眺められるこの美術館、私は古鏡のコレクションが好きです。重要文化財、重要美術品に指定されている古鏡が並び、美しく華麗な文様にうっとりしてしまいます。その中のひとつ、重要美術品《双鳳銜枝・瑞花紋葵花形鏡(そうほうかんし・ずいかもんきかけいきょう)》が、薄型のステンレス製ミニミラーになりました。背面の文様はレーザー加工で彫られており、手のひらサイズでもち運びにも便利です。専用ケースも付属しており、色は黒と白の2タイプあります。ケースには五島美術館のロゴマークが施されており、美術館で古鏡を見た感動が蘇ります。五島美術館のミュージアムグッズは、他にも源氏物語絵巻や紫式部日記絵巻関連をはじめ種類も豊富。お気に入りを見つけてみてください。

How to use

ポーチにそっと忍ばせて。取り出したときに「えっ！何の柄なの？」と周りに驚かれること請け合いです。

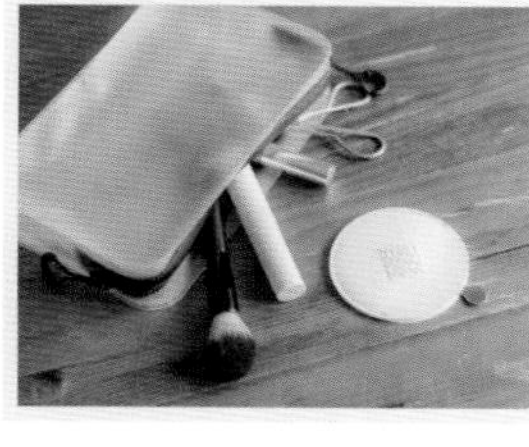

Information

五島美術館

〒158-8510
東京都世田谷区上野毛3-9-25

https://www.gotoh-museum.or.jp/

オンラインショップURL
https://www2.enekoshop.jp/shop/gotoh-museumshop/

お問い合わせ **五島美術館ミュージアムショップ**
メールフォーム
https://secure2.enekoshop.jp/shop/ContactForm

Photo by Shigeo Ogawa

04

Location 青森県

棟方志功記念館

スタンプ 普賢菩薩・文殊菩薩セット 550円（税込）

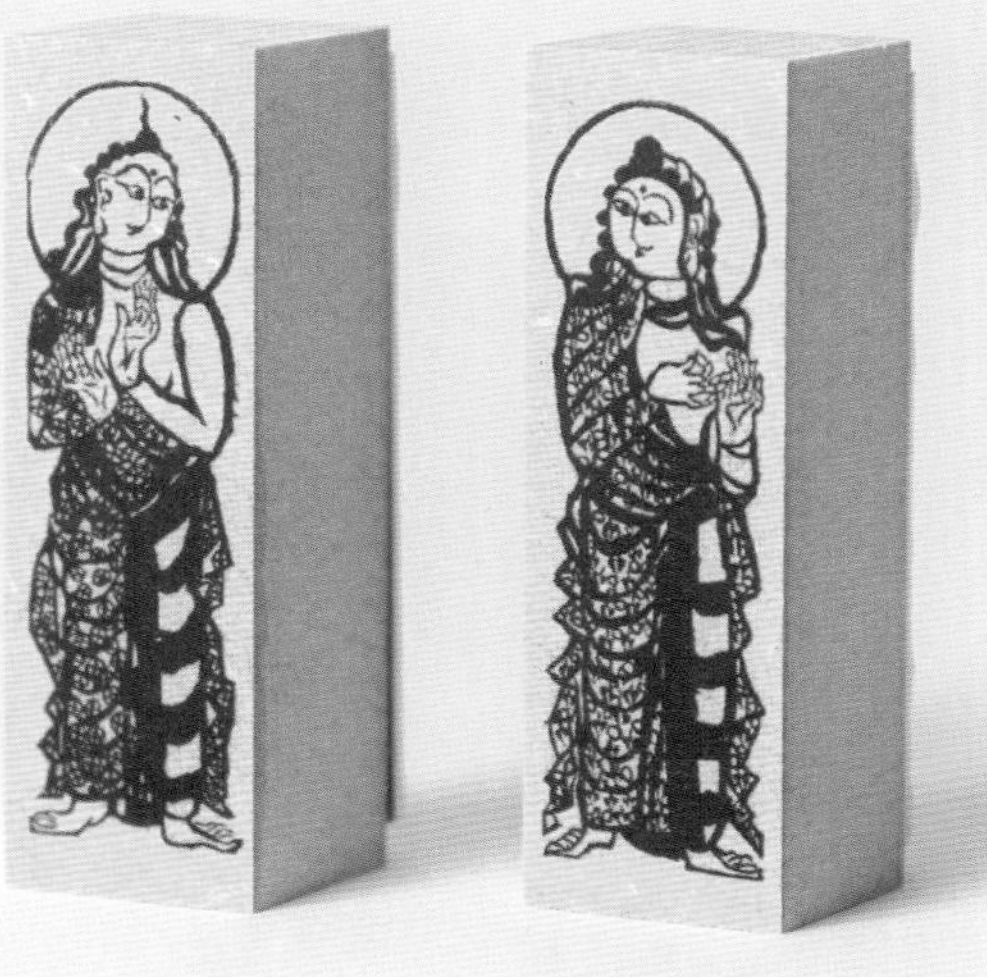

Point

版画作品がスタンプになっているのを発見した時、特別な嬉しさを感じませんか？　版画はスタンプとの親和性が抜群。擦れも含めた独特の風合いを楽しんで。

スタンプで楽しむ、世界のムナカタ

展示と併せて、棟方志功の代表作をスタンプでも楽しもう

1975（昭和50）年に開館した、棟方志功記念館。青森を訪れたら必ず立ち寄る場所のひとつです。郷里の風土を愛した棟方志功の作品は、やっぱり青森で見たい、彼の原点となる土地で見ていたい、と思うからです。記念館は四季折々の美しさがある日本庭園を備え、2012（平成24）年鎌倉市の棟方板画館を吸収合併したことにより、収蔵作品が豊富に。年4回の展示替えに合わせて訪れるのも楽しいです。ミュージアムグッズのおススメは《二菩薩釈迦十大弟子》に描かれた、普賢菩薩と文殊菩薩のスタンプ。この作品は、1955（昭和30）年のサンパウロ・ビエンナーレ国際美術展で版画部門最高賞を受賞し、1956（昭和31）年のヴェネツィア・ビエンナーレ国際美術展ではグランプリの国際版画大賞を受賞。まさに棟方志功の代表作といえる作品が、スタンプでも楽しめるなんて嬉しい。自分用にはもちろん、文具好きな友人へのお土産にもピッタリです。ぜひ展示されているタイミングで作品を見て、楽しんだ記憶と共に持ち帰ってみてください。

How to use

紙に捺すのはもちろん、布用のインクを付けてエコバッグなどに捺してもいいかも。いつでも棟方志功作品と一緒です。

Information

棟方志功記念館

〒030-0813
青森県青森市松原2-1-2

https://munakatashiko-museum.jp/

✓ **ショップURL**
https://munakatashiko-museum.jp/shop/

お問い合わせ

TEL 017-777-4567 **FAX** 017-734-5611

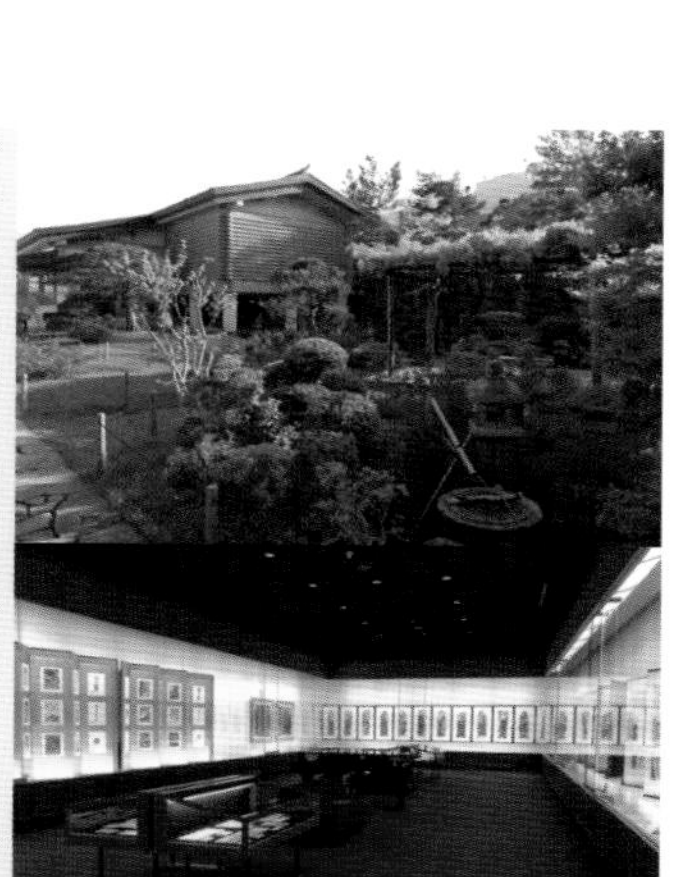

写真提供：棟方志功記念館

05

Location 京都府

京都水族館

オオサンショウウオ リバーシブルネックピロー 2,860円(税込)

Point

京都水族館の館内には、飼育スタッフさんの手作りのイラストがあちこちにあります！「京都水族館プリントせんべい」は、飼育スタッフさんが描いたクラゲのイラストがプリントされています。クラゲ愛を堪能しましょう！

オオサンショウウオが大好きになるネックピロー

旅行の時も、オオサンショウウオに思いを馳せて

京都水族館の展示エリアに入ってすぐの水槽、そこには、京都の鴨川水系の河川に棲んでいたオオサンショウウオが展示されています。想像以上に身体や口が大きくて、目が小さくてかわいい。そんなオオサンショウウオが、なんとネックピローになっちゃいました。首に巻き付いて旅行中や移動中の肩の疲れを楽にしてくれますし、収納するとぬいぐるみに変化し、スーツケースに取り付けて旅することも可能です。前足の指が4本、後足が5本になっているなど、きちんとオオサンショウウオの特徴を表現しているのもポイントです。オオサンショウウオは国の特別天然記念物ですが、調査によると、鴨川水系の河川で外来種と在来種の交雑が進んでいるとのこと。京都市が調査を行っており、京都水族館では調査のために捕獲されたオオサンショウウオを展示しています。貴重な在来種を守るための水族館の活動に思いを馳せながら、オオサンショウウオを見た思い出を持ち帰りましょう。

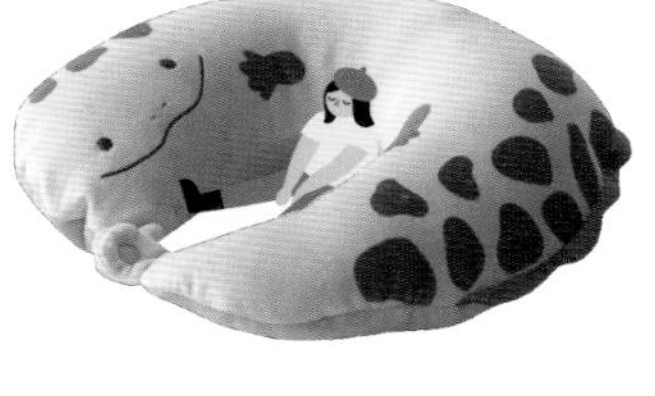

How to use

旅行中や移動中はもちろん、お昼寝の際にも活用しちゃいましょう。職場に持って行って水族館の思い出を振り返りながら癒されてください。

Information

京都水族館

〒600-8835
京都府京都市下京区観喜寺町35-1
(梅小路公園内)

https://www.kyoto-aquarium.com/

✓ **オンラインショップURL**
https://store.shopping.yahoo.co.jp/kyoto-aquarium/

お問い合わせ
TEL 075-354-3130

写真提供：京都水族館

Location 栃木県

那須どうぶつ王国

扇子 **和柄 スナネコ** 1,650円(税込)

Point

たくさん種類があるので、自分の推し動物を選べるのが嬉しい。このマニアックなラインナップ、動物園じゃなきゃ手に入らない！

砂漠の天使の扇子

国内初の繁殖に成功！　スナネコたちの成長を見守りながら

２０２０（令和２）年４月に、国内初のスナネコの繁殖に成功した那須どうぶつ王国。日本動物園水族館協会の加盟園としては、展示や繁殖は国内初とのこと。その後、２０２０年７月にスナネコの赤ちゃんがさらに３頭誕生。「アミーラ」「マシュリク」「サディーカ」「ハディーヤ」と名付けられ、一躍人気者になりました。そんなスナネコの姿が描かれた扇子が販売されています。「砂漠の天使」と呼ばれるスナネコ。描かれているスナネコの表情も生き生きとしていて、今にもこちらに飛び掛かってきそう。野生動物としてのスナネコの魅力が表現されていて、そのワイルドな絵柄が魅力的です。かわいいだけではない、生き物へのリスペクトが伝わってきます。スナネコの他にも、マヌルネコ、ハクトウワシ、ジャガー、カピバラ、ユキヒョウ、ハシビロコウ、ホッキョクオオカミの扇子があります。どことなく和風なデザインで、和室などに飾っても素敵かも。お気に入りの動物を手に取ってみて。

How to use

家族や友人同士でお揃いにしてもかわいいですし、あえてそれぞれ違う種類の動物で合わせても素敵。シックな色合いも多いので、ファッションと併せてコーディネートするのも。

Information

那須どうぶつ王国

〒329-3223
栃木県那須郡那須町大島1042-1

https://www.nasu-oukoku.com/

✓ オンラインショップURL
https://nasu-anikinshop.com/

お問い合わせ
メールフォーム
https://www.nasu-oukoku.com/contents/contact.html

写真提供：那須どうぶつ王国

Museum Goods Collection

07

☑ かわいいを楽しみたい ○ 感動を持ち帰りたい ○ マニアックを堪能したい ○ もっと深く学びたい

Location 栃木県

大谷資料館

KENDAMA 4,290円(税込)

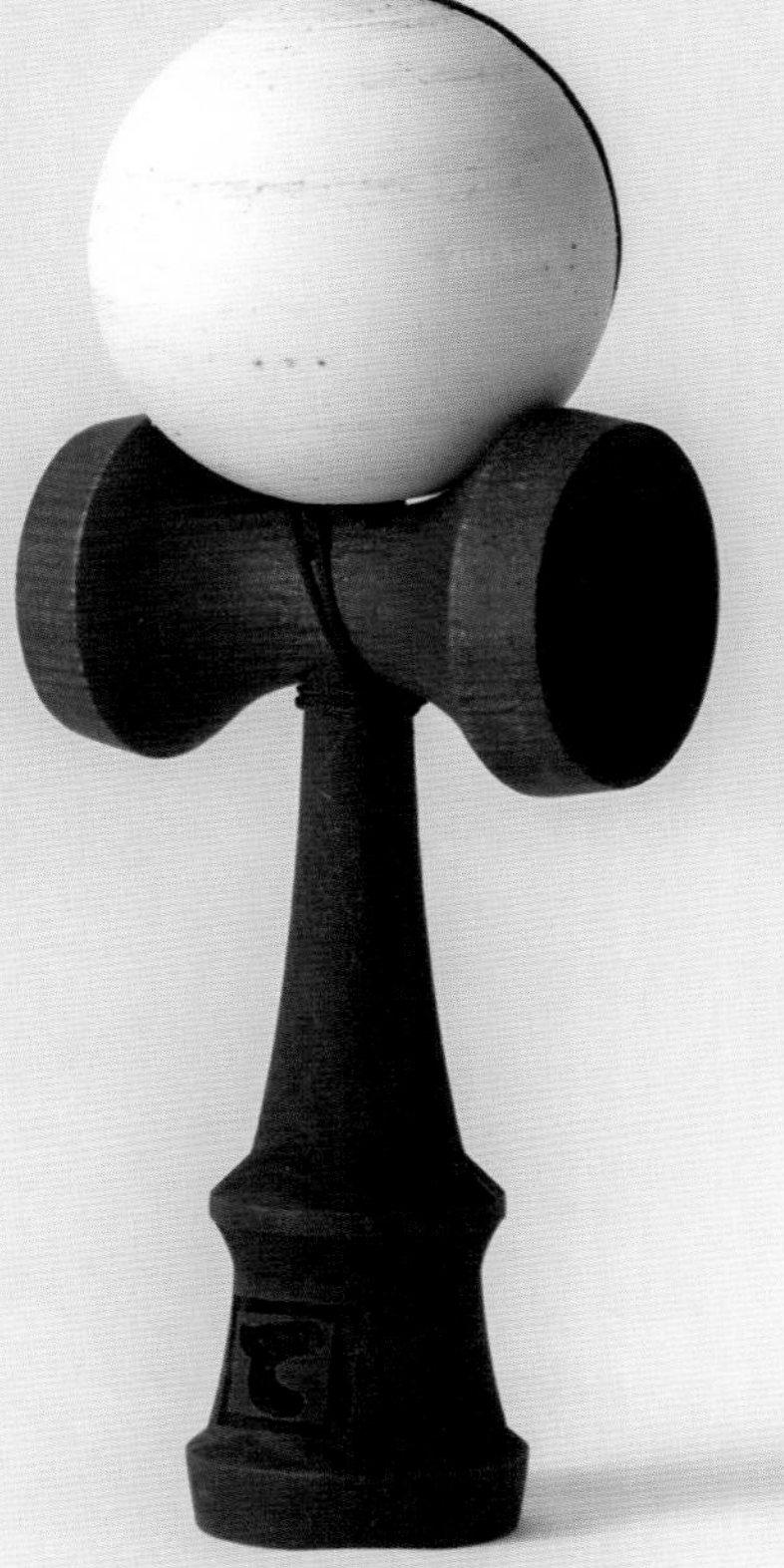

Point

けん玉の製作は世界有数のけん玉メーカー「山形工房」、持ち手の藍染は「黒羽藍染紺屋」の8代目小沼雄大さんの手によるもの。職人の技術が詰まった一品です。

けん玉で楽しむ、大谷石

圧巻の地下採掘場が蘇る！　大谷石と職人の技術がミックスしたけん玉

栃木県宇都宮市にある大谷資料館。大谷石の性質、採掘方法、輸送方法の変化などが展示されています。大谷石は、栃木県宇都宮市大谷町付近一帯から採掘される、流紋岩質角礫凝灰岩です。地下採掘場があり、広さは2万平方メートル、深さはなんと30m！　コンサートや展覧会の会場、結婚式場として再利用されています。ライトアップされた空間は圧巻！　夏でも涼しいので、ぜひ満喫してみてほしいです。

ミュージアムショップ「ROCKSIDE MARKET」には、大谷石を使ったミュージアムグッズが並びます。ここのコンセプトは、「Fun to Local」。採掘地として名を馳せながらも一時は衰退したこの土地を、今の私たちが楽しみ、魅力を伝える。そんな心意気に溢れています。おススメはけん玉！　玉の独特な質感と色合いは、仕上げに大谷石の粉末を混ぜた塗料が塗られているから。職人さんの技術が込められたけん玉を遊び尽くすことで、この土地に親しみ、歴史を知ることにつながれば。そんな思いが伝わってきます。

How to use

大人から子どもまで、技を磨くことに熱中できるのがけん玉の魅力。大谷資料館での思い出を語り合いながら楽しんでみて。

Information

大谷資料館

〒321-0345
栃木県宇都宮市大谷町909

http://www.oya909.co.jp/

✓ **オンラインショップURL**
https://oya-rsm.co.jp/
（敷地内 ROCKSIDE MARKET）

お問い合わせ　**ROCKSIDE MARKET**
TEL 028-688-8604

写真提供：大谷資料館

Location 群馬県

群馬県立歴史博物館

発掘＆修復可能な ハニワクッキー 1,944円（税込）

Point

手作りで開発しているため数に限りがあります。ミュージアムショップやオンラインショップで売り切れでも、しばらくすると入荷することもあるそう。こまめにチェック！

お菓子で発掘体験

砂糖に埋もれたクッキーを探せ！　修復作業も楽しめる

　原始から近現代の群馬県の歴史や文化について学べる、群馬県立歴史博物館。古墳が多い群馬県。副葬品も数多く出土し、「群馬県綿貫観音山古墳出土品」は国宝にも指定されました。ミュージアムショップで販売されている衝撃のグッズが、「発掘&修復可能なハニワクッキー」です。まるで土の中に埋もれた埴輪を掘り出すようなクッキー。群馬県庁の昭和庁舎１Ｆにある G-face カフェが開発しました。土に見立てているのは砂糖。ミニハケとチョコペンが付いており、砂糖の中に埋もれたクッキーを発掘し、刷毛で土を払うように砂糖をミニハケで落とします。発掘後は砂糖として食べられます。チョコペンは、欠けている埴輪の修復に使います。どの埴輪が欠けているのかは秘密とのこと！　ここまで本格的にお菓子での発掘体験が楽しめるセットは他にありません。唯一無二なこのクッキー、群馬県立歴史博物館のミュージアムショップ、オンラインショップ、G-face カフェ店頭で販売されています。

How to use

歴史にあまり詳しくなくても、このクッキーなら楽しく遊びながら学ぶことができます。このクッキーで発掘に興味が湧いたら、博物館にぜひ本物を見に行きましょう。

Information

群馬県立歴史博物館

〒370-1293
群馬県高崎市綿貫町992-1

https://grekisi.pref.gunma.jp/

✓ **ショップURL**
https://gunmarekihakushop.stores.jp/

お問い合わせ

群馬県立歴史博物館ミュージアムショップ 運営事業者（DiPS.A）
TEL 027-254-1212　**FAX** 027-254-1227
MAIL shop@dips-a.jp

写真提供：群馬県立歴史博物館

09

Location 愛知県

リニア・鉄道館

瀬戸焼新幹線 922形ドクターイエロー 1,223円(税込)

Point

小さな瀬戸焼になっても、その鮮やかな黄色い発色、丸みを帯びた車体の愛らしさは健在です。展示で実際のドクターイエローに会えた喜びを持ち帰りたい。

間違いない、鉄道はカッコいい

我が家に幸せが来るかも？　瀬戸焼のドクターイエロー

熱心な鉄道ファンではない私でも、リニア・鉄道館の展示室に入ったら、思わず「うわー！」と声をあげてしまう。息をのんでしまう。「鉄道ってカッコいい……」とうわ言のように呟きながら、実物車両を見て歩くのは最高の体験です。歴代の新幹線や在来線など、39両の実物車両が展示されています。「こんなに間近で鉄道が見られるなんて！」と感動するので、技術の発展や車体の美しさを体感し堪能してみてください。ミュージアムショップで見つけたのは、瀬戸焼でできたドクターイエローです。ドクターイエローとは、新幹線の線路や架線などの状況を検査するための車両。走行する日時が非公開のため、ファンの間で「ドクターイエローを見ると幸せになれる」という噂がたつほど。この瀬戸焼でできたドクターイエローは、焼き物の町である愛知県瀬戸市の中外陶園で製作されました。創業当時から「セトノベルティ」と呼ばれる、陶磁器製の人形や置物づくりを担い続けています。このドクターイエローも、熟練の職人さんが手仕事でひとつひとつ手掛けています。※在庫切れの場合もございます。

How to use

置物として使うのはもちろん、箸置きにもいい！電車好きなあの子の食卓に添えれば、笑顔でご飯を食べてくれること間違いなしです。

Information

写真提供：JR東海

リニア・鉄道館　〒455-0848 愛知県名古屋市港区金城ふ頭3-2-2
https://museum.jr-central.co.jp/
✓ **ショップURL** https://twitter.com/rinioh（Twitter）
お問い合わせ　**リニア・鉄道館ミュージアムショップ　TEL** 052-381-3601

Museum Goods Collection

10

Location 石川県

石川県ふれあい昆虫館

うかる合格お守り 550円(税込) ※通信販売の場合は送料込みで650円

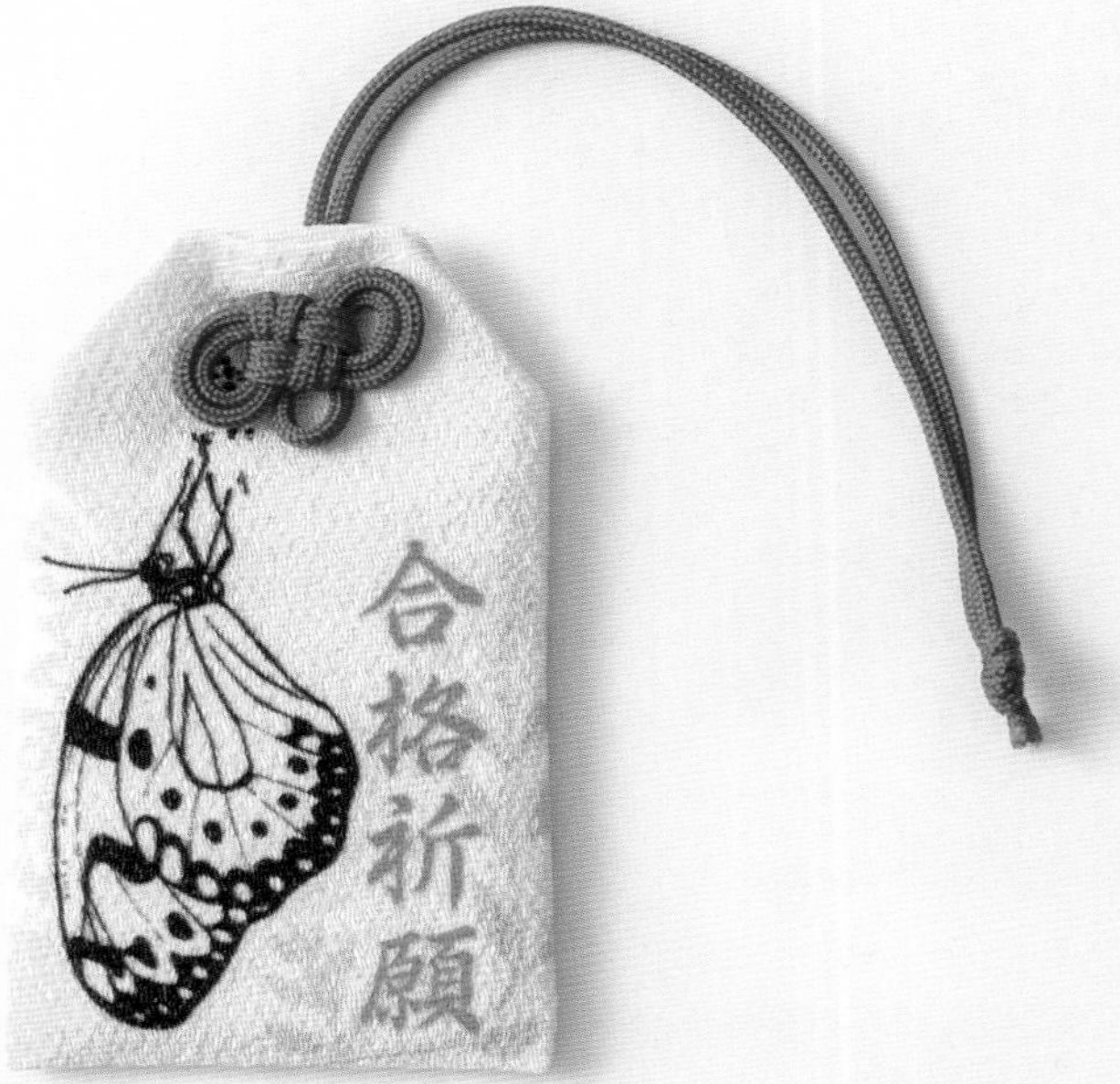

Point

通信販売でも購入可能なのが嬉しい。買い逃してしまった方はもちろん、遠方のあの人へ送ることもできます。でもできれば、昆虫館でぜひチョウを見てから購入するのがおススメです。

☑かわいいを楽しみたい ○感動を持ち帰りたい ○マニアックを堪能したい ○もっと深く学びたい

未来に向かって飛び立つあの人へ

オオゴマダラが春を告げる？　チョウの力で「羽化（うか）」るかも！

チョウが羽化する場面って、どうしてあんなに感動的なのでしょう。サナギの殻から出て、時間をかけて羽を伸ばし、飛び立っていく……。石川県ふれあい昆虫館の、チョウ園で舞うチョウを見ていても、「よくここまで大きくなって……」と謎の親目線を発揮してしまいます。こちらで販売されている人気のミュージアムグッズは、「うかる合格お守り」。大切な人が、受験や資格試験など懸命に勉学に取り組んでいるときに、そっとこのお守りを手渡してみてはいかがでしょう。学芸員の福富宏和さんによると、「このお守りは実際に昆虫館で育てて、上手に羽化した子の蛹の殻が入っています。受験や資格の試験など、いろいろな場面があると思いますが、受かってほしいですし、その後も大きく羽ばたいてほしいと願っています！」。「受かる」と「羽化」をかけた一品。袋の絵柄は、オオゴマダラが羽化した瞬間が描かれています。ゆっくりと羽を伸ばし、今にも飛び立とうとしているオオゴマダラの姿は、夢に向かって頑張るあの人の姿に重なります。

How to use

ちょっと変わったお守りが好きな方へのプレゼントにもいいかも。「石川県ふれあい昆虫館、受かったらオオゴマダラを見に行こうね！」の一言を添えて。

Information

石川県ふれあい昆虫館

〒920-2113
石川県白山市八幡町戌3

https://www.furekon.jp/

✓ ショップURL
https://www.furekon.jp/omamori/

お問い合わせ
TEL 076-272-3417　**FAX** 076-273-9970
MAIL kontyu@furekon.jp
メールフォーム https://www.furekon.jp/contact/

写真提供：石川県ふれあい昆虫館

Column 01

ミュージアムショップで何を見ているの？

「大澤さんはミュージアムグッズを買うとき、何を重視しているんですか？」

よく聞かれます。自分の欲望の赴くままに買い物をしていた時もありましたが、ミュージアムグッズやショップを仕事にしてから、自分の中の「ふむふむ！」という感覚を明確にすることにしました。

まずはとにかくオリジナルグッズ。博物館が独自に開発した商品は、「この博物館は何を伝えたいのかな？」という疑問を探るきっかけになります。博物館のロゴやシンボルを載せた文房具が中心だったり、地域の伝統工芸とコラボレーションしていたり……と、その姿は様々です。個人的には、素材やサイズ、デザインへのこだわりみならず、テーマとなる標本や収蔵品の重要性を上手く伝えているグッズを見つけると、「お！ ここは面白そう！」と、博物館全体に興味がわきます。

次にショップ全体の商品構成をチェック。構成を見て、博物館にどんな来館者が多いのか予想しています。「低価格で子供向けのグッズが多いから、親子連れが多いのかも」「ある程度お値段が張っても、高級志向の商品が多いな」「懐紙やお茶菓子があるのは、茶道具のコレクションが多いし、お茶室が併設されているからかしら」「職場などで配れそうなお菓子が多いから、遠方からの観光客が多いのかなぁ」などと、展示室の様子を思い返しながら観察するのが楽しい。

そして、博物館を訪れる前に、可能な限りショップの運営形態を調べます。そして、「博物館の直営のショップだから、グッズ全体のうちオリジナルグッズの割合が多いのね」「ここのショップは○○博物館のショップも運営しているな、お店作りで共通点はあるかな？」「友の会が運営していて、ショップのスタッフもそのメンバーなんだな」と、博物館とショップの運営上のつながりを考えるのも面白い。

……とまぁ、ちょっとマニアックな視点で恐縮なのですが、皆さんも自分が何にアンテナを張っているのか、考えてみるのは面白いですよ。「過去の図録をつい探しちゃうから、書籍が充実してるショップが楽しい」と買い物の傾向がわかったり、「植物標本がモチーフのグッズは手に取っちゃう」と、好きな収蔵品のジャンルがわかったり。ショップでの買い物を通じて、自分が博物館とどう向き合っているのかが見えてきたりするものです。

Chapter

2

感動を持ち帰りたい

Location 東京都

山種美術館

伊藤若冲《伏見人形図》ピンバッジ 770円（税込）
川端龍子《八ツ橋》（部分）マスキングテープ 440円（税込）

“来館者が展示を見た余韻の中で、ミュージアムグッズを見ていただけるように”

日本画専門の美術館として1966（昭和41）年に開館した山種美術館。貴重な所蔵品を生かした企画展は、若い世代にも注目されています。所蔵品には、速水御舟《炎舞》や、竹内栖鳳《班猫》など、一度見たら忘れられない魅力的な作品ばかり。「いつ、あの作品に会えるだろう」と企画展の度にワクワクしてしまいます。展示でハートを撃ち抜かれたあとは、ぜひミュージアムショップにお立ち寄りください。名作をモチーフにしたマスキングテープやレターセットなどの文房具、チョコレートやお茶などの食品類など、豊富な品揃えのミュージアムグッズがあなたを待っています。今回は館長の山﨑妙子さん、広報担当の吉田茉由さん、総務部の櫻谷あゆみさん、ミュージアムショップの店長で、株式会社ARTBOXの有松友梨子さんにお話を伺いました。ミュージアムショップの歴史や、印象的なエピソードなど、興味深いお話が満載です。

ミュージアムショップはもうひとつの展示室

——山種美術館は、開館当初から物販スペースを割いていたと聞きました。当時からミュージアムショップが博物館にとって大事だという意識があったのでしょうか。

山﨑　そうですね。今から55年前の創立当時は日本橋の兜町に美術館がありましたが、その頃から絵葉書などを販売するスペースは設けておりました。資料によりますと、私たちの美術館よりも歴史がある、ブリヂストン美術館（現：アーティゾン美術館）や、サントリー美術館のご担当者様に美術館のホスピタリティについてご教示いただいていたようです。クロークや傘立ての設置、チケットの確認をする受付ですとか、美術館にはどのようなサービスが必要かということを教えていただいていたようでした。その資料にはミュージアムショップに関する直接の記載はありませんが、他の美術館を参考にしたのかもしれないですね。

——ミュージアムショップのコンセプトは「もう一つの展示室」ですが、それを意識されたのはいつ頃からですか。

山﨑　20年ほど前、兜町から三番町に美術館を移転した際、とても小さなスペースでしたが「坪面積あたり日本で一番売れている」と言われて、ミュージアムショップに注目していただきました。美術館のサービスの一環としてだけではなく、「ミュージアムグッズを通して美術品を家に持って帰り、もう一度楽しんでいただく」というコンセプトを考えるようになりました。このコンセプトは、三番町から現在の場所に美術館を移転するにあたり、ミュージアムショップを館内のどこに設置するかにも影響を与えました。元々は1階の入り口近くに設置する予定でしたが、ショップの重要性を認識し、展示を見た直後の余韻の中で、グッズを購入していただける設計に変更したんです。

——お店づくりの際に意識されていることはありますか。

有松　お客様が展示を見た直後に話しかけられる相手がショップのスタッフですので、展示の感想を伺うことが多いです。「あの作品がすごく良かった」「こういう作品のグッズはないの？」ですとか、感動を誰かに伝えたいというお気持ちが生まれるのかもしれません。お時間がある時はなるべくお話をして、お客様とコミュニケーションをとれる場であるようにしたいですね。

——意外な売れ方をしているグッズはありますか。

有松　学校の先生が教材として、歌川広重「東海道五拾三次」のグッズを購入されたことがありました。教科書や資料集に出てくる機会が多いそうです。実物を見せるのはなかなか難しいけれども、ポストカードやクリアファイルなどは皆に回すことができるんです。先生によっては、クラス生徒分をお買い上げされることもありました。あとは、退職記念に配りたいというご要望があり、大量に

豊富なミュージアムグッズが揃う店内。お財布の紐が緩んでしまいます。

山種美術館といえば、1階のカフェの和菓子も楽しみ。

ご注文いただいたこともございました。リピーターの方が多い美術館ですので、「以前購入して心に残ったので」と仰っていただけて嬉しかったですね。

季節を楽しむ習慣に寄り添って

――山種美術館のミュージアムグッズは、作品から動物などのモチーフを抜き出すなどのトリミングをしているケースもありますね。

山﨑　必ずご遺族などの著作権者の方にトリミングのご許諾をいただくのですが、快くお許しをいただくこともあります。動物などのモチーフを使ったグッズを作ることで、「ミュージアムグッズから絵を好きになってもらう」という入り口が生まれますよね。

――ミュージアムグッズの博物館における役割は何だと思いますか。

山﨑　自分が見た作品の記憶や思い出を持ち帰ることができるのは、やはり役割として重要ですよね。あとは額絵などは、四季に応じて掛け替えることもできます。「日常生活の中にアートを取り入れる」ことは当館のコンセプトですので、実際に皆さんのお宅で実践されているのかなと思います。ミュージアムショップの運営を株式会社ARTBOXさんに委託しており、展覧会に合わせてショップの商品構成を変えてくださっています。それがいつも凄いなと思って。一部だけ変更するのではなく、ほとんど総入れ替えのように、すごく時間をかけて取り組んでくださっています。リピーターの方には「今度はこんな風に模様替えしたのね」と楽しんでいただいています。そういう意気込みがありがたいですね。

有松　ありがとうございます。意識しているのは季節ですね。2ヶ月経つと季節が変わるので、それに合わせて商品をお出ししています。今の時期、次の時季を連想させるグッズをご用意しています。「これからお手紙を書くから、次の季節に合わせてこの一筆箋を使ってみよう」「このショップに来ると季節の移り変わりを感じる」と思ってもらえるようにですとか。そういったことを考えて店作りをしています。

――季節を意識しているのは、日本画専門の美術館ということも関係していますか。

有松　そうですね。やはり日本画ですので。「この季節になればこの作品が観たい」「去年観に行った時にあの作品が良かった」「あの方にこのお葉書をお送りしたい」ですとか。そういうお客様のお言葉もよくいただきます。山種美術館は、日本の四季を楽しむ空間でもあると考えています。

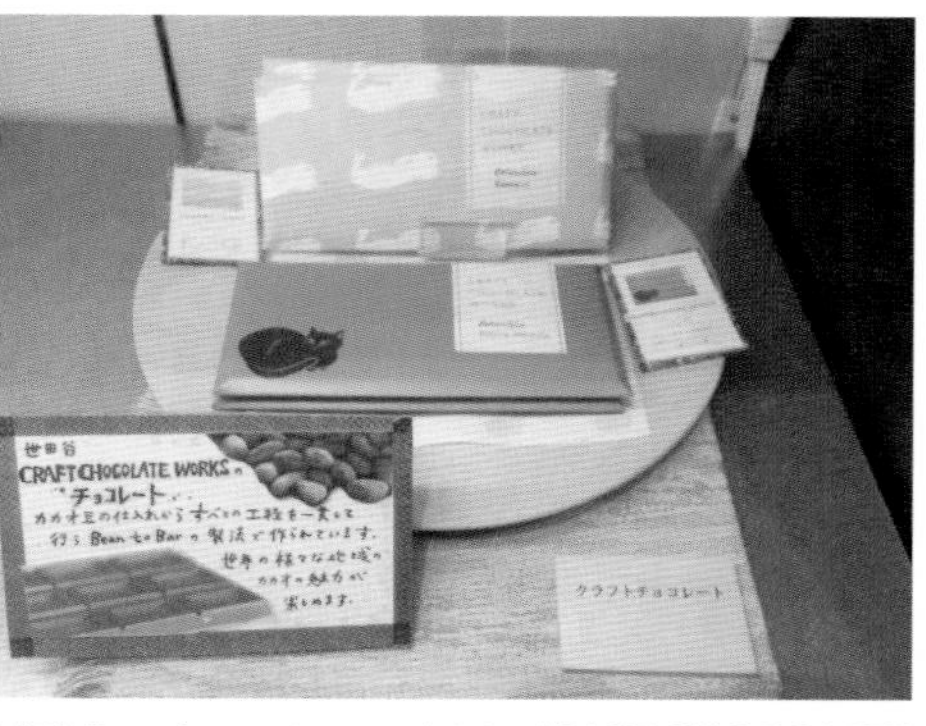

人気商品のひとつにチョコレートも！　CRAFT CHOCOLATE WORKSとのコラボ商品です。

取材時は東山魁夷の企画展が開催中。お気に入りの作品がグッズ化されて嬉しい。

お客様がインフルエンサーに

――広報の視点から、ミュージアムグッズの現状をどう捉えていますか。

吉田　ミュージアムグッズから興味を持っていただいて、美術館に来るきっかけになるといいなと思います。多くの人に知っていただいて、日本画の素晴らしさや、美術館を知っていただくことにおいて、ミュージアムグッズは重要なものになってくると思います。これからも館長や皆といろんな知恵を出して、新商品などを開発していきたいですね。今後は、美術鑑賞をされる若い世代の方にも、もっとお越しいただきたいと考えています。「日本画はちょっと難しそう」という、少しとっつきにくい気持ちをお持ちの方にとっても、ミュージアムグッズは貴重なきっかけづくりになっていると思います。先ほどの話のように、先生が学校でポストカードを配ったことによって、本物を見てみたいと思う生徒さんが出てくるかもしれません。そういった面で、大事な広報ツールのひとつかなと思っております。

――若い世代への日本画の普及の一環として、ミュージアムグッズは非常に重要なツールということですね。

櫻谷　最近は、若い方にマスキングテープも非常に人気です。文房具店や雑貨店には売っていないグッズが揃うのも、ミュージアムショップの魅力です。最近では、伊藤若冲《伏見人形図》のピンバッジを開発しました。ピンバッジを身に着ける機会が減っている中、売れ行きはどうかなと思っていましたが、SNSで人気になりました。かわいいというお声を多くいただきました。

有松　遠方にお住まいの方から、「このピンバッジ買いたいんです！」というお問い合わせをいただいたくらい。すごく反響がありました。

吉田　SNSの中でも、特にInstagramに山種美術館の思い出を投稿してくださることが多いようです。私たちのミュージアムグッズはかわいいものが多く、「インスタ映え」するのか、「今日、山種美術館に行って買ってきたよ」と、グッズや和菓子の写真をアップしてくださいますね。お客様がインフルエンサーとして美術館の宣伝をしてくださることが多いので、そういった意味でもミュージアムグッズは大事なものになってきているのかなと思います。

Information

©Koike Norio 2009

山種美術館

〒150-0012 東京都渋谷区広尾3-12-36

https://www.yamatane-museum.jp/

✓ **ショップURL**

https://www.yamatane-museum.jp/museumshop/

お問い合わせ　**山種美術館ミュージアムショップ**

TEL 03-6427-4747　**FAX** 03-6427-4748

MAIL yamatane-shop@artbox2001.co.jp

Location 大分県

中津市歴史博物館

石垣琥珀糖 1,000円（税込）

ミュージアムグッズの力を借りれば、博物館や地域の魅力をもっと遠くまで届けられる

SNSで見かけた、琥珀糖でできた石垣。その色合いのかわいらしさ、パッケージの美しさ、石垣の再現の正確さから、既存の琥珀糖を詰めただけではない、石垣について考えぬかれたミュージアムグッズだということが伝わりました。中津市歴史博物館は、中津市の歴史的な魅力がぎゅっと詰め込まれた、宝箱のような博物館でした。

今回お話をお伺いしたのは3名。中津市歴史博物館館長の高崎章子さん。ミュージアムショップ「晩香堂」オーナーで、フォトグラファーの栗山喬さん、株式会社岡崎デザイン代表取締役の岡崎友則さん。石垣琥珀糖の開発秘話や、モチーフとなった石垣について、その保存と継承の大切さまで、たっぷりとご紹介いただきました。めくるめく石垣を巡る世界に、あなたもきっとハマるはずです。

中津城の石垣といえば、この境目

――この「石垣琥珀糖」はどのようなきっかけで生まれたのでしょうか。

栗山　そもそもこの博物館のオープンが2019（令和元）年11月1日で、その際にミュージアムショップ、カフェ、ロゴ、イベント企画の4点をセットにして、民間事業者の公募を行うことになりました。僕の本業はフォトグラファーですが、5社で民間グループを作って公募に挑戦しました。その事前説明会や見学会で、高崎さんが「この博物館は九州最古の石垣を見るための施設でもあるから、それを感じられるミュージアムグッズがあるといいですよね」とお話しされておりまして。琥珀糖って石を感じさせますよね。そこで琥珀糖を作っていらっしゃる、四季彩和菓子かきはちさんに、琥珀糖で石垣を表現できるかどうか相談をしました。

――この石垣は、中津城の北側に実際にありますよね。石垣がきれいに2分割されています。

高崎　その2分割された石垣についてご説明します。豊前国に入った黒田官兵衛は築城予定地の脇を流れる中津川の川上にある、唐原山城という1300年前の古代山城から、四角く加工された石を運んできたと考えられています。その石がこの2分割された石垣の右側に使われています。そして、黒田氏の後の時代に中津を治めた細川氏の自然石の石垣が左側で、右の石垣の上に後からのって時代の異なる両家の石垣の境となっています。ただ、黒田官兵衛の時代では、加工した石で石垣を作ることはしないため、自然石の石垣を含めた中津城の石垣全体が、後年になって補修された比較的新しい石垣であると考えられていたんです。それもあり、2001（平成13）年に博物館前の自然石の石垣は価値がないとみなされ都市整備の中で解体が決まっていました。しかしそこから調査の結果「博物館前の自然石の石垣も、北側の加工された石垣も、黒田官兵衛の築いた九州最古の近世城郭の石垣である」と証明することができ、博物館前の石垣は危うく破壊の危機を逃れることができました。その後、大河ドラマで黒田官兵衛が取り上げられ、博物館も完成し、官兵衛の石垣は中津の誇りとなっています。

実際の石垣がこちら！　本当にきれいに2分割されていますね。

――そんなご苦労があったのですね。

高崎　自然石でできた石垣は、修復工事の際も未加工の石をはめなくてはなりません。自然の形のままで前後左右の石とうまく合うような石を選んで当時の積み方で積まないと、今後400年と持たないんです。博物館前の石垣修復の際、石工さんが1日かかって1平方メートルほど積んだ石垣に、「すいません、この積み方がおかしいので、今日積んだ分は全て解体してください」と言わなくてはいけなかったり。でも段々石工さんたちも慣れてきて、自主的に「この場所にはこの石だよね」と分かってくれるようになったんです。

時を超えて、石垣を積むような仕事を

――そんな高崎さんの想いを受けて、いかがでしたか。

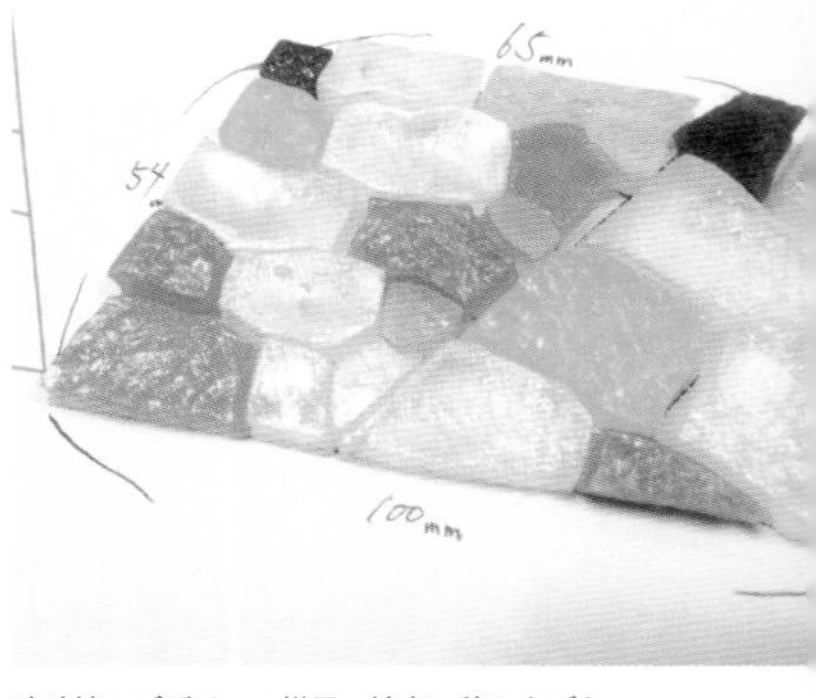

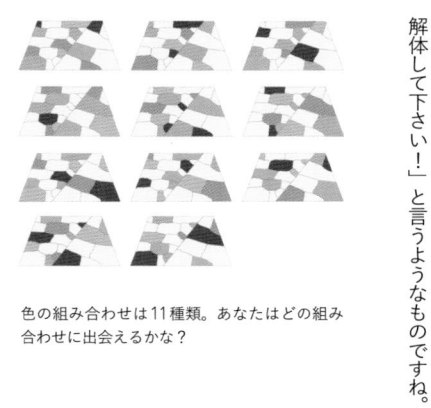

琥珀糖のデザインの様子。綿密に積み上げられていることが分かりますね。

栗山　この2分割された石垣の歴史的必然性を感じて、「琥珀糖で表現するのならやはりここだ！」と思いました。この琥珀糖の積み方も岡崎さんがデザインしたのですが、琥珀糖を何粒使うかを検討するのも大変でしたね。デザインとしてはこれくらいの数の粒が無いと美しく見えない、和菓子屋さんにとっては20粒以上になると詰めるのが大変、そして、「学術的にはこの積み方はおかしい」という、デザインの観点、和菓子作りの観点、アカデミックな観点、という三つ巴でした。ただ、「ひとつの商品にどれだけの情報量が詰まっているかが、ミュージアムグッズとして大事だ」という議論はしていましたので、必要な過程だったと思います。

――デザインは苦労されましたか。

栗山　このパッケージを実現できる紙器会社さんと出会うのが大変でした。石垣の角度を表現するのにパッケージの角を鋭角にしているのですが、この材質でこの角度を表現するのが大変で。さらに、パッケージが食品と直接接するので、その加工が可能な紙器会社さんとなると、北部九州では1社しかなくて。

岡崎　琥珀糖の色合いも、和菓子屋さんで提案していただいた既存の色がありましたが、それだと少し色が強く、パステルカラーにしたいと思っていました。数滴単位で着色料を調整し、「このレベルまで赤を強くしてください！」という指定をして、和菓子屋さんに応えてもらいました。申し訳ないほど試作は繰り返しました。

高崎　先ほどの、石を積んだのに「もう一度解体して下さい！」と言うようなものですね。

色の組み合わせは11種類。あなたはどの組み合わせに出会えるかな？

岡崎　まさにそうです。着色料も「これが2・5滴で、こっちが4滴で……」という微調整でしたので、職人さんのお力を借りて完成させることができました。

栗山　よく見ていただくと、この琥珀糖の色の組み合わせは全部で11種類あります。全ての琥珀糖が無駄にならないように、かつ、全体の色合いのバランスを見て、組み合わせのパターンを作りました。そのパターンを見ながら、職人さんがピンセットで琥珀糖を積んでいます。和菓子屋さんの担当者の方が、「美しくなるなら付き合うよ」と言ってくださったのも有難かったです。

岡崎　開発には半年以上かかりました。本当は開館の日に間に合わせたかったのですが、開館から3ヶ月くらい遅れての納品になりました。

グッズで表現する、中津市の魅力

――中津市の財産をテーマに、博物館とミュージアムショップが共同でミュージアムグッズを開発するのは、この石垣琥珀糖が初めてですよね。

高崎　そうですね。ぜひ今後も作りたいですが、私たちのように規模が大きくない博物館のミュージアムグッズだと、小ロットでモノ作りがしたいので、どうしても価格が高くなってしまうのが悩みです。

栗山 琥珀糖のような商品ですと、一度にたくさん作れないですしね。このようなミュージアムグッズが欲しい方もいれば、比較的価格が安めのミュージアムグッズが欲しい方もいらっしゃいますので、ミュージアムショップ全体で商品構成のバランスを取っていきたいです。中津市内のゆかりのものはできたので、今度は中津市が誇る景勝地である、耶馬渓（やばけい）のミュージアムグッズを開発してみたいです。「耶馬渓」という名前を付けた頼山陽（らいさんよう）という国学者のグッズも良いかもしれません。この博物館は中津市全体の観光拠点でもありますので、耶馬渓の周遊につながる物を作りたいですね。

展示では中津の歴史が学べます。資料もたくさん！

高崎 あと、同じ歴史がテーマでも、縄文や弥生、古墳に関しては、個人でグッズを制作されている作家さんが多い印象です。ぜひ近世や石垣をテーマにした、素敵な作家さんとも出会ってみたいですね。

――ミュージアムグッズやミュージアムショップの、博物館における役割は何だと思いますか。

岡崎 僕はこの石垣琥珀糖が遠くに飛んで、中津城の石垣のことをより多くの人に知ってもらえるかもしれないと思いました。より遠くの人に届けばいいなと思っています。

栗山 新型コロナウイルスの影響で博物館が休館中、ミュージアムショップもお休みしていました。その間に、一部商品のみの掲載ではありますが、オンラインショップを作りました。毎月何かしらの注文は入っていて、それがほぼ海外からのご注文なんですよね。最初はヴェネツィアの方からご注文いただいたりして。共感してくれる人とつながれるので、そういう世界観を表現したミュージアムグッズは大事だと思います。

高崎 そうそう。ミュージアムグッズにしてもらうと石垣に興味を持ってもらえるので、すごくそこはありがたいです。私自身、博物館を巡るのが楽しくて大好きですし、展覧会ももちろんですが、ミュージアムグッズを購入するのも楽しいですよね。博物館がそのように、楽しい場所、遊びに行く場所と思ってもらえたらいいなと思っています。そういう文化は都会にはあるのかもしれませんが、地方ではまだまだこれからだと思うので、ミュージアムグッズがその助けになればいいなと。楽しさを見つけに行くきっかけのひとつになってほしいですね。

Information

中津市歴史博物館

〒871-0057
大分県中津市1290
（三ノ丁）

http://nakahaku.jp/

お問い合わせ
TEL 0979-23-8615

Location 東京都

長谷川町子美術館・記念館

サザエさん 昭和ファッションノート 990円（税込）
マチコさん ドライパパイア 972円（税込）

“ここには本物を置けばいい、長谷川町子の作品さえあればいいんですよ”

私たちの心の中に、それぞれのエピソードと共に生き続けるマンガ作品が、誰もがひとつはあると思います。幼いころの縁側の日向で、青春の曲がり角の真夜中に、読みふけったマンガ作品。なかでも特に長谷川町子作品は、筆者の思い出の中で今も鮮やかに生き続けています。『いじわるばあさん』にハマって、夏休みに無我夢中で読破したことがありました。大人になってから読みなおすとまたあの頃とは読後感が異なるのも面白いです。

長谷川町子の作品を公開する長谷川町子記念館が、東京は桜新町にある長谷川町子美術館の道路向かいに開館しました。同時にミュージアムショップとカフェもオープン。展示を見終わった後に光溢れる店内でミュージアムグッズを選んだり、カフェでコーヒーを待つ、そんな時間すらも愛おしい素敵な空間です。その誕生秘話について、長谷川町子美術館・記念館の副館長で学芸部長の橋本野乃子さん、ミュージアムショップとカフェを手掛けた株式会社East代表の開永一郎さんにお話を伺ってきました。

昭和を生き抜いた長谷川町子へ捧げる記念館

——長谷川町子美術館・記念館がリニューアルオープンする際、どのようなミュージアムショップにしたいと思いましたか。

橋本　今までの美術館の売店の場所はもともと学芸室だったんです。そもそも、売店仕様の空間ではありませんでした。今回、長谷川町子さんが生誕100周年ということで、新しく記念館を建設するにあたり、その中にスペースを設けたいと思っていました。そのとき、2016（平成28）年～2017（平成29）年に開催された「サザエさん生誕70年記念よりぬき長谷川町子展」でオリジナルグッズを作ってくれた、株式会社Eastさんと一緒にお仕事をしたいと思いまして、急遽お声掛けしたんです。

暖かい光が差し込む店内。展示を思い返しながら、グッズを眺めてコーヒーを飲んで。

開　光栄なお話ですよね。この記念館のミュージアムショップは、期間限定の仮設の店舗ではないですから。常設の店舗の空間作りから関わらせていただくことができました。建築を設計する段階から、個別のミュージアムショップに関するミーティングはもちろん、職種に関わらず、記念館に関わる方々全体で、毎月熱心にミーティングをしていました。それがすごくよかったです。

——長谷川町子さんが何を表現してきたかを、ミュージアムグッズなどの細部に至るまで統一していくことにつながったんですね。

開　そうですね。橋本さんやスタッフの皆さんには、この記念館を通じて伝えたいことがおありですので、それをきちんと共有できたのが大きかったです。それに、もし僕らがこの仕事から離れても、この記念館は残っていきますよね。長谷川町子さんは、大正に生まれて平成で亡くなるわけですから、昭和を生き抜いた人です。でも、昭和初期から中期を生きたことがある人はこれから段々と少なくなっていきます。そんな時に、この美術館や記念館が持つ意味ってなんだろうということを考えていかないと。1年や2年、今だけのことを考えればいいというものではないですよね。

橋本　例えば長谷川町子がこの時代に生まれていたとしたら、どういうことを考えていたのかな、とか。そういうところにまで発想を広げることが大切ですよね。よく開さんの方からもお話がありましたが、昭和の懐古趣味に走るのではない、ということがポイントです。長谷川町子はとってもおしゃれだったから。そこを生かしたショップにしたいです。

膨大な長谷川町子作品をデータベースで満喫できる！什器も愛らしくて素敵。

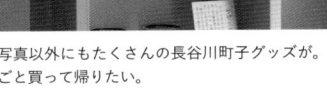

写真以外にもたくさんの長谷川町子グッズが。お店ごと買って帰りたい。

効率だけじゃない、「大切なもの」を置きたい

――ミュージアムショップやミュージアムグッズ作りを進めていく上で、何か発見はありましたか。

橋本　すごく気付かされたことがありました。それは、この記念館には本物を置けばいいんだということ。長谷川町子の作品さえあればいいんだということです。それを基盤にして考えると、いろんなことが見えてくるんですよね。これはいらないとか、これは必要、だとか。

開　ミュージアムグッズをつくる目的が何であるかをまず最初に館長や橋本さんたちと共有することの大切さです。例えば、ここで使っているミュージアムグッズでいえば、「サザエさん昭和ファッションノート」などで紹介されているように、サザエさんのファッションってとってもおしゃれですよね。そういうグッズがあることで、私たちも改めて長谷川町子のおしゃれさに着目できると思います。いろいろ展覧会に合わせてEastさんからはご提案をいただいているので、その時々で「きっとこんな作品だったらこんなものも作れるかも！」というアイデアが出てくるのではないかと思います。ここは今、ほぼサザエさんのグッズで埋め尽くされていますが、他の作品がテーマの展覧会の時はまたガラッと変わるでしょうしね。変わっていく楽しみがありますよ。

ている椅子は、デンマークの家具の巨匠と言われている、ハンス・ウェグナーがデザインしたものです。復刻された現行品ですが、普通にカフェで使う什器としては少し高額かもしれません。ですが、「椅子がまず決まると、それに合うテーブルが生まれ、それに合う棚が生まれ、それに合う照明器具が生まれます。そうすると、全体の方向性が見えやすくなるかもしれませんよ」というお話をしました。

橋本　実際に椅子を見たらすごく素敵で。それじゃあ、椅子はいくつ必要かしらという感じで、話が進んでいきましたね。

開　昭和を生きた長谷川町子さんだから日本製の椅子を、というのとは少し違っていて、いち早く海外のファッションや文化を敏感に感じ取っていらした長谷川町子さんの記念館をつくるにあたって、どういうセレクトになるのかを考えてみました。同様に象徴的なのは、照明器具です。これはEastが初めて作ったものになります。最近は、効率良くものをつくることによって、買いやすい価格設定にする努力がされている場合が増えてきています。そんな中、この照明器具は、ヘラ絞りといって、職人が鉄板から感覚を頼りに、絞っていく技法でつくられています。色付けもペイントではなく、今では珍しくなりつつある琺瑯を使っています。遠目に見ると、わからないかもしれませんが、きっと時間が経てば

経つほど、自然にその違いはでてくるはずだと思います。書籍を置いている棚も受付カウンターもできるだけ無垢の木材を使いました。そういった空間を作る素材の選定からご一緒して、何を大切にするのか、ミュージアムグッズを通して、何を伝えていきたいのかをもう一度ここで見つめ直すチャンスがうまれました。

原点は愛、長谷川町子への愛があるから

――カフェのメニューや、販売もされている食品も、長谷川町子さんが実際に食べられていたものを採用されていますよね。

カフェで出されるコーヒーカップは何と100種類！　今日はどのカップに出会えるかな？

橋本　館長の奥様が長谷川町子さんと一緒にいた時期がありまして、生活の中で長谷川町子さんがどんな嗜好をお持ちだったのかをよく知っていらっしゃいました。それで、開さんと一緒にお話をお伺いする機会があって、朝はどんなふうに過ごしていたかなどをお聞きしました。

開　そうなんです。長谷川町子さんは公の場にあまり出る人ではありませんでしたから、長谷川町子さん自身のことはそれほど知られておりません。でも、知ると好きになるというか、興味が深くなりますよね。パパイアを半分、ほぼ毎日欠かさず食べていたというエピソードには驚きました。そういったリアルな姿をグッズに反映させることで、親しみが増えていくと良いなと思います。

――本当に、いろんな人の出会いがあって生まれた空間なんですね。

橋本　そうですね。私自身がここから離れた後に、また訪ねてくる楽しみもありますよね。本当に出会いに感謝です。この出会いがなければこの空間も生まれなかったわけですし。

開　そして、やっぱり愛ですかね。この長谷川町子記念館でお仕事をさせてもらっていちばん嬉しいのは、ここのスタッフの皆さんが、長谷川町子さんの作品をとても大切にされていることです。作者ご本人が亡くなられた後、著作権の管理などをされる方々のお仕事はとても大切です。ここでの作品の管理のされ方は本当に素敵です。こうやってショップを担当させていただけることはとても光栄です。これからもお役に立ちたいと思っています。

Information

長谷川町子美術館・記念館

〒154-0015
東京都世田谷区桜新町1-30-6
https://www.hasegawamachiko.jp

✓ **オンラインショップURL**
https://shop.hasegawamachiko.jp（通信販売部）

お問い合わせ
メールフォーム https://shop.hasegawamachiko.jp/pages/contact

写真提供：長谷川町子美術館・記念館

仙台うみの杜水族館

仙台うみの杜水族館×しまぬき
こけし「うみのこ三姉妹 かき・いくら・ほや」 各2,200円(税込)

Point

このこけし、「海の人気者　イワトビペンギン」も販売されています。キリリとした顔立ちでかっこいいイメージのイワトビペンギンが、こけしになるとほんわかした表情に。併せてぜひ手に取ってみてください。

海と、生き物と、私たちと、伝統工芸

三陸の恵みと水族館と伝統工芸！　展示を見た後は愛しさ倍増のこけしたち

仙台うみの杜水族館1階の「マボヤのもり」に入ると、足元に揺らめく光の美しさに目を細めてしまいます。ハッとして天井を見上げると、そこには水中に垂れ下がるマボヤがずらり。ウェブページでは「まるで七夕飾りのよう」と紹介されています。「内湾　恵みの海」という展示室では、内湾での養殖の様子が再現されています。水槽には立派なカキの養殖棚が。見え隠れする魚たちも生き生きとしていて、人間がカキの恩恵に与るだけでなく、魚たちにとっても大事な棲み処なんだな……と胸がいっぱいに。ミュージアムショップへ足を運んだら、ぜひこのこけしたちを手に取ってみてください。

仙台うみの杜水族館とコラボレーションしたのは、こけしのしまぬきさん。仙台や東北の工芸品を幅広く扱っており、創作こけしも豊富。地元の伝統工芸との競演で、かわいいのはもちろん！　海と、そこに暮らす生き物と、人間。その関係性に思いを馳せることができるでしょう。特にこの「うみのこ三姉妹」というネーミングが秀逸で、3つまとめて連れて帰りたくなってしまいます。

How to use

水族館の思い出を振り返りたいし、ユーモラスな表情もいつまでも見つめていたい。見えるところに飾りましょう。

Information

仙台うみの杜水族館

〒983-0013
宮城県仙台市宮城野区中野4-6

http://www.uminomori.jp/umino/

✓ ショップURL
http://www.uminomori.jp/umino/facility/shop.html

お問い合わせ
TEL 022-355-2222

写真提供：仙台うみの杜水族館

12

Location 東京都

サントリー美術館

オリジナルノート 1,100円(税込)

Point

「美を結ぶ。美をひらく。」がミュージアムメッセージ。あらゆる境界にとらわれず、美と美を結ぶ。それはミュージアムショップも同じで、鑑賞者と作品をつないでくれる存在なのですね。

あの煌めきをノートで

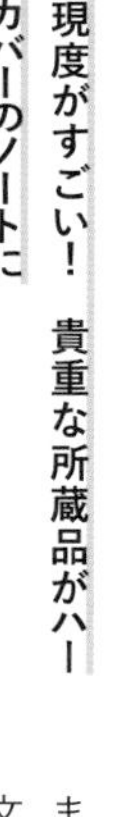

再現度がすごい！ 貴重な所蔵品がハードカバーのノートに

サントリー美術館には貴重な所蔵品がたくさん。「生活の中の美」を基本理念としており、絵画、陶磁、漆工、染織など様々なジャンルの作品を収蔵しています。その数は約3000件。どれもうっとりする名品ばかりで、「連れて帰りたくなるほど素敵！」という、鑑賞者の心の声が聞こえてきそう。お気に入りは漆工。黒や赤、金の色彩や、美しい佇まいに、「こんな作品が家にあったらな」とため息が漏れてしまいます。そんな漆作品のひとつで重要文化財の《清水・住吉図蒔絵螺鈿西洋双六盤》が、ハードカバーのノートになっています。桃山時代（17世紀）の作で、金銀の蒔絵、螺鈿の煌めきが美しく、使うたびに本物を見た時の感動が蘇ります。展示では見逃した部分や、豪華な文様の詳細をもう一度観察することもできます。中を開くと、本物のように双六の盤面が描かれています。当時はこの尖塔形の模様の部分に石を並べて、勝負を競っていたそう。桃山時代に思いを馳せながら、大事に使いたくなる一品です。

How to use

せっかくミュージアムショップで手に入れたノートなので、展覧会の感想を書くノートにしてもいいかも。好きな作品を書き留めて、あなただけの宝箱のようなノートに。

Information

サントリー美術館

〒107-8643
東京都港区赤坂9-7-4 東京ミッドタウン ガレリア3階

http://suntory.jp/SMA/

✓ **ショップURL**
https://www.suntory.co.jp/sma/shopxcafe/

お問い合わせ

メールフォーム
https://www.suntory.co.jp/sma/info/inquiry.html

photo by Keizo Kioku

福岡市美術館

福かぶり猫（フジタの猫／虎図）　各4,300円（税込）

Point

博多人形はその彩色の美しさと筆致の精緻さがポイント。この福かぶり猫も、仙厓の虎の独特な顔つきや、レオナール・フジタの優美な猫の表情がたまりません。

美術館の猫、持ち帰れる福

福岡市美術館の福を呼ぶ猫！　仙厓とレオナール・フジタの名作が伝統工芸で登場

　博多人形の一種で、福岡ならではの招き猫といえば、福かぶり猫。猫は袋が大好き。ちょっとそこらへんに置いておいただけなのに、いつの間にか入り込んで得意顔をしていますよね。その姿を「袋をかぶる＝福をかぶる」とかけ、さらに「ふくおか（福岡）ぶる」ともかけて、福岡ならではのめでたい人形として親しまれています。そんな福かぶり猫の福岡市美術館バージョンが販売されています。博多人形師の小副川太郎によるもので、仙厓義梵の《虎図》に描かれている虎、レオナール・フジタ（藤田嗣治）の《仰臥裸婦》に描かれている猫がモチーフに！「仙厓の作品はどれもユーモラスで楽しい」「フジタの猫が大好き！」というそこのあなた。博多人形として持って帰れるんですよ！　ちょこんとした佇まいが何とも可愛らしく、2つ並べて飾りたくなります。かぶっているのは福岡市美術館のロゴ入りの袋。こんな風に、伝統工芸と美術館が出会い、収蔵品を活用していくことで、地域や作品への理解も深まります。展示を見て、実際に作品に触れた思い出を胸に、福を招きましょう。

How to use

招き猫なので、しまいこまず積極的に飾りたい。オリジナリティ溢れる我が家の招き猫、自慢の一品になりそうです。

Information

福岡市美術館

〒810-0051
福岡県福岡市中央区大濠公園1-6

https://www.fukuoka-art-museum.jp/

✓ **オンラインショップURL**
http://fukuoka-art-museum.shop/

お問い合わせ

福岡市美術館ミュージアムショップ
TEL 092-406-4156

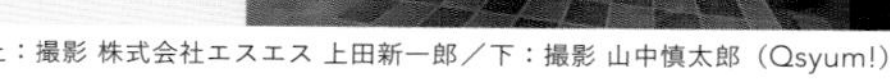

上：撮影 株式会社エスエス 上田新一郎／下：撮影 山中慎太郎（Qsyum!）

14

Location 東京都

東京国立博物館

八橋蒔絵螺鈿硯箱缶入りクッキー 1,080円(税込)

Point

本物の国宝《八橋蒔絵螺鈿硯箱》の美しさは圧巻！　いつも展示されているわけではないので、情報をチェックして、公開されているタイミングでぜひ本物を堪能してみてください。

尾形光琳の名品を、ご自宅で

缶も大切にしたくなる！ 食べて美味しい、飾って楽しい国宝

お菓子の缶ってどうしてこんなに魅力的なのでしょう。お菓子が美味しいことはもちろん、缶の美しさにつられて購入してしまうこともしばしば。そんな缶入りお菓子、ミュージアムグッズにもあるんです。東京国立博物館のミュージアムグッズは食品が豊富。お茶漬けにキャンディ、カステラに羊羹……展示を見終わって、自分用に、贈り物用に選ぶのが楽しいですよ。おススメは「八橋蒔絵螺鈿硯箱(やつはしまきえらでんすずりばこ)缶入りクッキー」。尾形光琳の名品！ 国宝が缶になっています。本物の色合いが再現されていて、「伊勢物語」の第九段三河国八橋の情景が描かれています。『伊勢物語』がテーマでこういう文様にしちゃうんだ！ カッコいい！」「蒔絵も螺鈿もすごく綺麗だったな……」などと、展示を見た時の感動が蘇ります。中のお菓子は東京會舘製で、上品なクッキーが24個入っています。展示を思い返しながら、お茶のひと時のお供にいただきましょう。

How to use

食べ終わった後の使い道を考えるのがまた楽しい、缶入りお菓子。我が家では切手入れに使っています。

Information

東京国立博物館

〒110-8712 東京都台東区上野公園13-9
https://www.tnm.jp/

✓ **オンラインショップURL**
https://www.tnm-shop.jp/

お問い合わせ
東京国立博物館ミュージアムショップ
一般財団法人 東京国立博物館協力会
TEL 03-3822-0088
MAIL info@tnm-shop.jp

写真提供：東京国立博物館 ※展示作品は時期により変更します

Museum Goods Collection

15

かわいいを楽しみたい
☑感動を持ち帰りたい
マニアックを堪能したい
もっと深く学びたい

印刷博物館

駿河版活字シュガー 648円(税込)

駿河版活字シュガー＆コーヒー ギフトセット 2,700円(税込)

Point

ギフトセットのパッケージは、駿河版活字の納められている木製引き出しをイメージしており、ほぼ実物大とのこと！　歴史ある活字を使う気持ちで楽しんでみて。

日本最初の銅活字をいただく

駿河版銅活字がシュガーに！　その美味しさもポイント

印刷博物館の常設展示、大好きです。地下へ続くエスカレーターを下り、チケットを受け取ると、時空を超えた印刷を巡る旅に出る気持ちに。特に好きな展示は「印刷の日本史」。日本の歴史と印刷のかかわりが収蔵品とともに展示され、「印刷技術の発展が、私たちの暮らしにこんなに影響を与えていたなんて！」という発見の連続です。２０２０（令和２）年10月のリニューアルオープンに向けて製作されたのが、数ある収蔵品の中でも「駿河版銅活字」をモチーフにしたシュガーです。駿河版銅活字とは、徳川家康が林羅山（はやしらざん）らに作らせた、銅製の活字です。活字とは活版印刷をする際に使われる字型のことで、この駿河版銅活字は日本最初の銅活字。重要文化財です。数ある活字の中から「月」「休」「今」「信」「令」「人」「作」「秀」の８文字が選ばれ、レプリカをシリコンで型取りして製作されました。オリジナルの砂糖菓子は様々な博物館で見かけますが、このオリジナリティの高さには感服です。ぜひ手に取ってみてください。

How to use

コーヒーや紅茶に添えていただくのはもちろん、そのまま食べても美味しい！　沖縄産サトウキビの柔らかな味わいを楽しみながら、印刷博物館での思い出を反芻しましょう。

Information

印刷博物館

〒112-8531 東京都文京区水道1-3-3
トッパン小石川本社ビル

https://www.printing-museum.org/

✓ ショップURL
https://www.printing-museum.org/guide/floormap/shop/

お問い合わせ
TEL 03-5840-2300
MAIL info@printing-museum.org

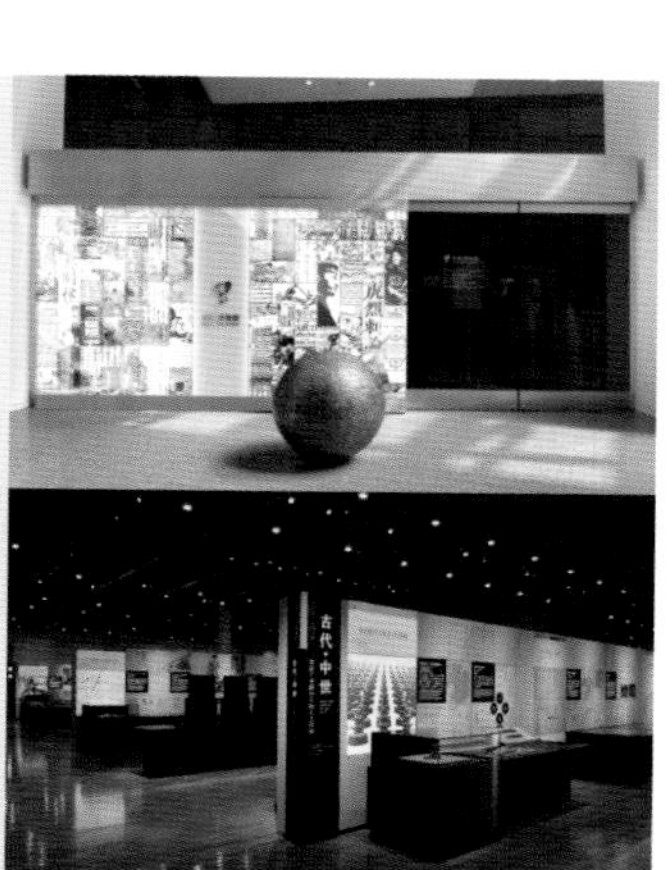

写真提供：凸版印刷株式会社 印刷博物館

Location 東京都

東京都庭園美術館

オリジナル マグネットバッジ 各680円(税込)

Point

「私は正面玄関前のタイルが好き」「小客室のラジエーターカバーは見逃せない」などと、訪れる人それぞれに好きなポイントがあるかも。美術館建築の楽しみがたっぷり詰まっています。

服にカバンに思い出のワンポイントを

身に着けて楽しむ！ 建築の細部に注目したくなるマグネットバッジ

東京都庭園美術館。収蔵品や展示のすばらしさはもちろん、その建築の美しさを愛する方々も多いのではないかと思います。朝香宮ご夫妻の自邸として建設され、その後、1983（昭和58）年に東京都庭園美術館として開館。フランス滞在時にアール・デコに強い関心を持たれたご夫妻は、建設の際にその様式を隅々にまで取り入れました。階段の手すり、照明、ガラス扉……何気なく目を遣る場所のひとつひとつにまで美意識が染み渡っています。ミュージアムグッズも、建築の美しさを再発見できるものばかり。マスキングテープやノート、クリップなどの文房具がお気に入りですが、いちばんおススメしたいのはマグネットバッジ。「踊り場の照明」「手摺装飾」「第二階段の丸窓」の3種類があり、パステルカラーやグレーをベースとした彩色が施されています。「この照明は館内のどこにあるんだろう？」などと、このマグネットバッジを手に館内を見て回るのが楽しい。ミュージアムショップでお買い物をした帰りに、館内をもう一周したくなってしまいます。

How to use

針を使っていないので、服やカバンなどの生地に穴が開かないのが嬉しい！ 東京都庭園美術館にこれを付けて足を運ぶ際には、ぜひコーディネートに合わせて組み合わせてみて。

Information

東京都庭園美術館

〒108-0071
東京都港区白金台5-21-9

https://www.teien-art-museum.ne.jp/

✓ **ショップURL**
https://www.teien-art-museum.ne.jp/cafe_shop/shop.html

お問い合わせ
ハローダイヤル 050-5541-8600

写真提供：東京都庭園美術館

Location 北海道

知床国立公園 知床羅臼ビジターセンター

エコ軍手(ウニとコンブ)
エコ手袋(フキとクマ)

各616円(税込)

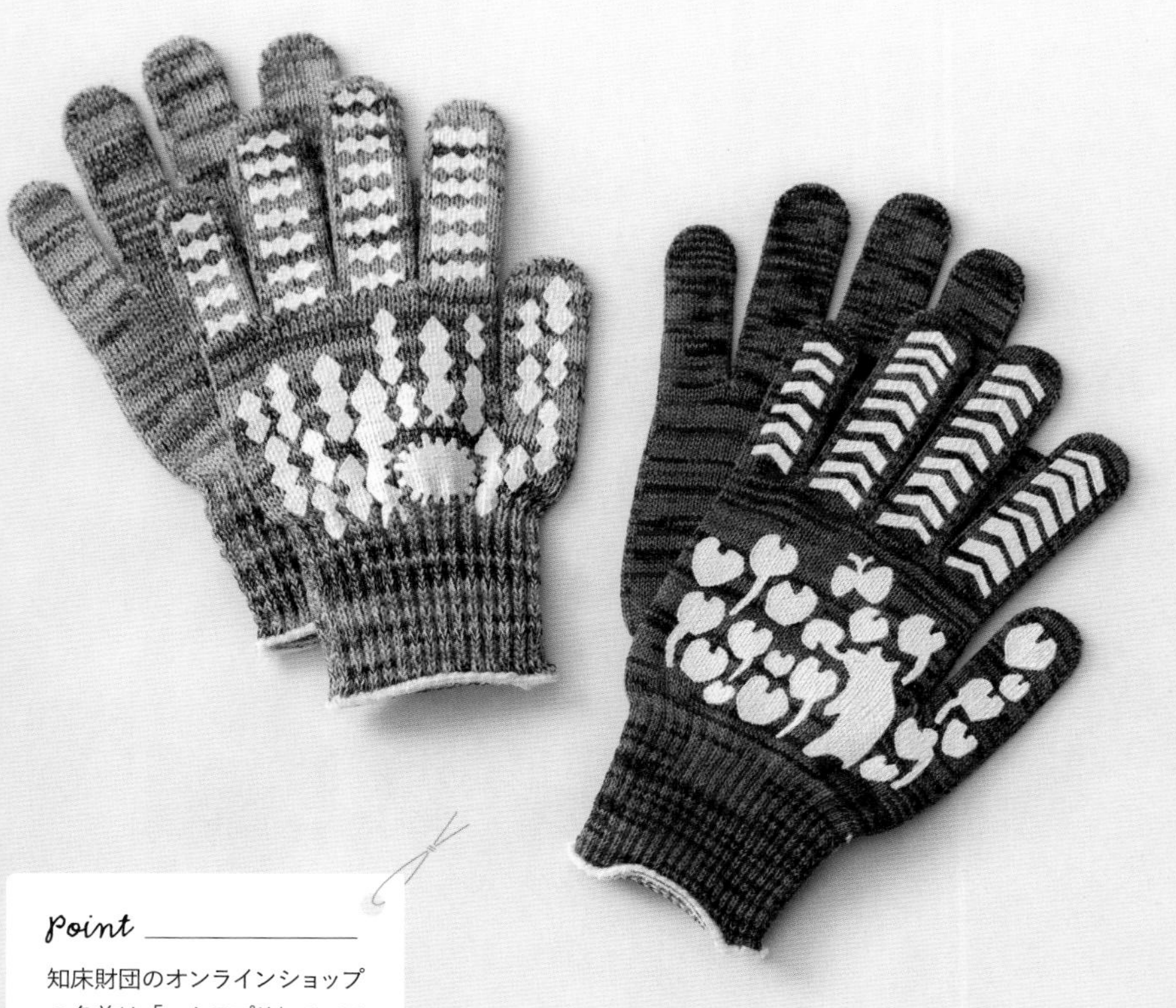

Point

知床財団のオンラインショップの名前は「コムヌプリ」で、アイヌ語で「どんぐりがたくさん採れる山」という意味。売上は知床財団の活動に充てられるので、購入して知床の自然を守る活動に参加してみましょう。

知床の自然に会いたくなったら

日常使いにピッタリ！　知床の豊かな自然が描かれたリサイクル手袋

知床国立公園知床羅臼ビジターセンターに行った際、一目ぼれして購入したのが、このエコ軍手とエコ手袋。このビジターセンターは環境省が設置した施設で、公益財団法人知床財団が管理運営しています。軍手は厚手、手袋は薄手なので、用途や気温によって使い分けることができます。エコ軍手に描かれているのは、知床の豊かな海に生息しているウニとコンブ。エコ手袋にはフキを食べるクマが描かれています。とにかくイラストがかわいくて、身に着けるだけで、知床の海や山のことを思い返せます。飛行機や新幹線、乗用車などの椅子張りシートなどを織るための耐久性に優れた高級糸が素材になっており、モデルチェンジ等で使われなかった糸で作られたリサイクル製品とのこと。色、柄、風合のバリエーションが製品ごとに異なり、複数の糸が組み合わさった複雑な色合いもたまりません。オンラインで購入する際は要望がない限り色はランダム。どれが届くか楽しみですね！

How to use

厚手のエコ軍手はガーデニングの際に使いたい。寒くなったら、薄手のエコ手袋を日常使いに。バッグに忍ばせておいて。

Information

知床国立公園
知床羅臼ビジターセンター

〒086-1822
北海道目梨郡羅臼町湯ノ沢町6-27

http://rausu-vc.jp/

✓ **オンラインショップURL**
https://www.shiretoko-komnupuri.shop/

お問い合わせ
TEL 0153-87-2828

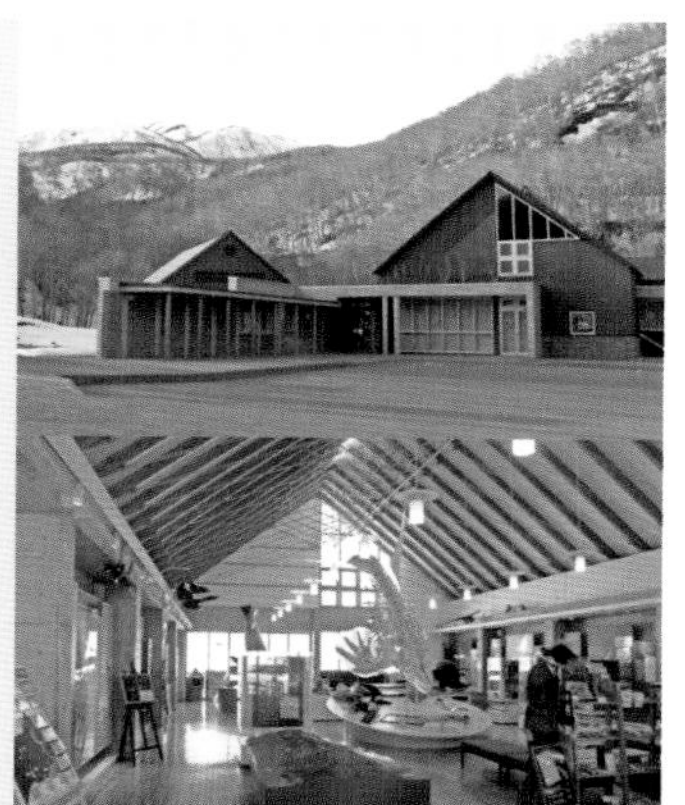

写真提供：公益財団法人知床財団

Location 大阪府

国立民族学博物館

世界のあいさつ・ありがとうスタンプ

各528円(税込)

Point

「そういえばあの人の留学先のあいさつってあるかな?」などと、身近な地域のあいさつを選んでもよし。このスタンプで初めて知った言語を買うのもよし。どちらも楽しめます。

あなたの「こんにちは」「ありがとう」が知りたい

全部集めたくなる！　世界のあいさつと「ありがとう」をスタンプで

国立民族学博物館に行く予定がある日は、丸一日空けておきましょう。博物館に一歩足を踏み入れて、その広さと、圧倒的な標本資料の量を見たらすぐにわかります。「これは一日しっかり時間を取って、ゆっくり全部見たい！」と思うことでしょう。世界に生きる人々の文化の多様性を学ぶことができるので、膨大な展示や研究成果をぜひじっくりと味わってほしいところです。おススメのミュージアムグッズは、「世界のあいさつ・ありがとうスタンプ」。今回は、北欧のサーミの人々が使うサーミ語、グアテマラのキチェの人々が使うキチェ語、アイヌの人々が使うアイヌ語をご紹介。例えばサーミ語のスタンプでは、「ラーボ」という円錐形のテントが描かれているのが「こんにちは」で、伝統的な衣装を着た人々が描かれているのが「ありがとう」です。全部で22種類あるこのスタンプ、博物館を堪能した記憶を持ち帰るのに最適です。あなたの気になるスタンプを探してみて。

How to use

手紙に捺したり、ちょっとしたラッピングの際に封筒に捺すのもいいかも。「これってどこの言葉？」などと会話が弾むきっかけに。

Information

国立民族学博物館

〒565-8511
大阪府吹田市千里万博公園10-1

https://www.minpaku.ac.jp/

✓ **オンラインショップURL**
https://www.senri-f.or.jp/shop/

お問い合わせ　**国立民族学博物館ミュージアム・ショップ**

メールフォーム
https://www.senri-f.or.jp/shop/contact

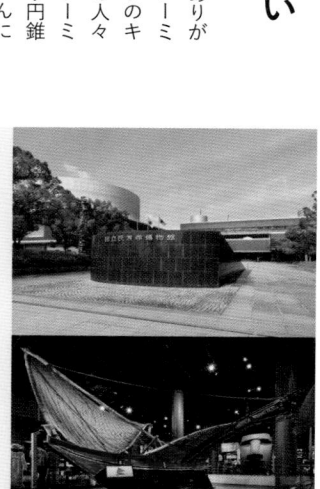

写真提供：国立民族学博物館

19

Location 福井県

福井県年縞博物館

リアル年縞ネクタイ 3,800円(税込)

Point

ミュージアムショップでは、年縞ステンドグラスの定規などもあります。実際に展示されている年縞ステンドグラスをそのまま持ち帰るような感覚になる一品です。

世界標準の「ものさし」を身に着けて

年縞(ねんこう)ってなんだ？　数万年前の時間の積み重ねがネクタイに

この博物館に行って初めて、「年縞」という言葉の意味を知りました。年縞とは湖や沼などの底に溜まった縞模様の堆積物を指します。春から秋はプランクトンの死がいなどが、晩秋から冬にかけては黄砂や鉄分などが溜まり、季節ごとに堆積物の色が異なるため縞模様に見えます。1年に1層形成されるので、出土品の年代を測定する際の基準となる「ものさし」としての役目を果たしています。年縞博物館に展示している水月湖の年縞は、世界標準の「ものさし」として採用されています。そんな年縞が、ネクタイになって販売されているんです。ネクタイに採用されている年縞は今から約5万年前のもの。「水月湖年縞7万年ギャラリー」では、水月湖から掘り出された長さ45mのこの年縞が、ステンドグラスとして展示されています。水月湖の年縞は7万年間も連続して形成されており、あまりの時間の長さに驚いてしまいます。貴重な年縞を学びに行ってみましょう。

How to use

古生物学や考古学、地質学などに興味がある人に贈りたい！　個性的なネクタイをお探しの人にもおススメ。博物館の財産を存分に生かした、THEミュージアムグッズです！

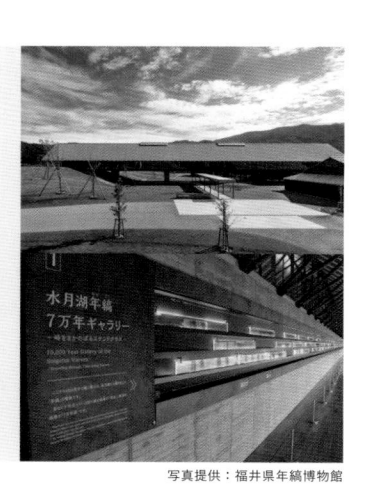

Information

福井県年縞博物館

〒919-1331
福井県三方上中郡若狭町鳥浜122-12-1
縄文ロマンパーク内

http://varve-museum.pref.fukui.lg.jp/

✓ **ショップURL**

http://varve-museum.pref.fukui.lg.jp/about/goods

お問い合わせ

TEL 0770-45-0456　**FAX** 0770-45-3680
MAIL varve-museum@pref.fukui.lg.jp

写真提供：福井県年縞博物館

Column 02

楽しく、濃厚な、ミュージアムめぐりの旅

日頃は北海道で家族と生活しています。道外には年に2～3回、1週間から10日ほどの日程で旅に出ています。目的はもちろん博物館めぐり。「好きな作家の大規模な回顧展がある」「あの文学館まだ行ったことないんだよね」「SNSで気になる水族館見つけちゃった！」などと、頭の中は行きたい博物館でいっぱい。

1日に複数の博物館を回ることもしばしば。最高で1日に4館回ったときは、さすがにクタクタになりました。「ミュージアムショップだけ見に行けば、1日に数館回るのは難しくないのでは？」と思われる方もいるかもしれません。ですが、私はやっぱり展示は全て見て回りたい。企画展も常設展も見たいし、どんな教育プログラムが行われているのか知りたいし、解説担当のボランティアさんとお話しするのも楽しい。博物館活動をぎっちり楽しんだあとで、ミュージアムショップに行きます。「この博物館は、ミュージアムショップも博物館活動の一環として捉えているだろうか？」と考えるためには、博物館が来館者に開いているそのすべてを体験することがとても大切です。

ときには来館者と交流をすることもあります。あるとき、展示室のジャン＝フランソワ・ミレーのスケッチに心打たれていたら、「あなたミレーがお好き？　私も好きなのよ。特に山梨県立美術館のコレクションは最高なの」と話しかけてくださった方がいらっしゃいました。聞けば筋金入りのミレー好き。国内で展示の機会があれば漏れなく駆けつけているそう。「こんな風に、自分の人生と深く絡み合う作家に出会えるなんて、本当に幸せなことだなぁ」と泣きそうになってしまいました。

人は博物館に何を求めているのでしょう。作品との出会いか、標本から得る学びか、家や学校とも違う居場所か、大切な人と作る思い出か。様々な人間の思いや欲求が交錯する博物館という居場所が、私は何より大好き。人と博物館の濃密なコミュニケーションを目撃したくて、私は今日もへとへとになりながら、博物館を回っています。

Chapter

3

マニアックを堪能したい

Interview

Location 東京都

新宿区立漱石山房記念館

活版印刷メモ帳「夢十夜」（青／白） 500円（税込）

すると石の下から斜に自分の方へ向いて青い莖が伸びて來た。見る間に長くなつて丁度自分の胸のあたり迄來て留まつた。と思ふと、すらりと揺ぐ莖の頂に、心持首を傾けてゐた細長い一輪の蕾が、ふつくらと瓣を開いた。眞白な百合が鼻の先で骨に徹へる程匂つた。そこへ遙の上から、ぽたりと露が落ちたので、花は自分の重みでふら〳〵と動いた。自分は首を前へ出して冷たい露の滴る、白い花瓣に接吻した。自分が百合から顔を離す拍子に思はず、遠い空を見たら、暁の星がたつた一つ瞬いてゐた。

「百年はもう來てゐたんだな」と此の時始めて氣が付いた。

夏目漱石「夢十夜」第一夜『四篇』明治四十三年

“文学作品の「読み心地」を楽しめるグッズを作りたくて”

旅行に行くと、その土地の博物館に足を運ぶのが楽しみですが、文学館を訪れるのもおススメのひとつ。その地域の風土や、人々の姿を鮮やかに映し出した文学作品に触れることで、旅の思い出もより一層深まることでしょう。今回ご紹介するのは、新宿区立漱石山房記念館。日本初の夏目漱石専門の記念館として、2017（平成29）年に開館しました。「夏目漱石と新宿……？」と不思議に思う方もいるかもしれません。夏目漱石は晩年、記念館がある土地に「漱石山房」という居を構え、亡くなるまでの9年間を過ごしました。館内にはその一部が再現され、展示室やイベントで夏目漱石の作品や作家像を追いかけることができます。ミュージアムグッズで興味をひくのが「活版印刷メモ帳『夢十夜』」。あの名作『夢十夜』の第一夜の一節が施され、中の紙も全て活版印刷で製作されたこだわりの逸品。その製作秘話を探るべく、新宿区立漱石山房記念館の亀山綾乃さん、佐々木活字店の佐々木勝之さんにお話を伺ってまいりました。

新宿の技術×漱石山房記念館

――このメモ帳が生まれたきっかけを教えてください。

亀山　お客様がショップに寄せてくださったご意見を参考にしたのですが、「漱石の言葉を持ち帰りたい」というご意見が印象的でした。この記念館の2階に、漱石の作品の一部を抜粋したパネルがたくさん並んでいる展示があり、その展示を生かしたグッズが欲しいというお声をいただき、漱石の文学作品の言葉を大切にしたいという私たちの思いとも合致することから、漱石の描いた作品の一節をモチーフに使って、このメモ帳を作りました。

――『夢十夜』の第一夜を選んだきっかけは何ですか。

亀山　『夢十夜』は非常にファンの多い作品です。夏目漱石の作品でいうと、熊本といえば『草枕』、松山といえば『坊っちゃん』と、各地で愛されている作品があり、グッズも作られていますのでそことあまり被らないようにしようという思いもありました。『夢十夜』の中でも展示のパネルにある、第一夜の「百年待つてゐてください」というフレーズを入れました。メモ帳の表紙の「百年」という文字を大きくしたのがデザインのポイントです。

――活版印刷という技術を使われているのも特徴的ですね。

亀山　新宿区の地場産業に、印刷製本業があります。新宿区は、明治時代から大手の印刷会社が工場を構え始め、その下請けを担う会社が沢山集まった地域なのです。そこでぜひ、その新宿の優れた印刷技術を生かしたグッズを作りたいと考えました。一緒に開発してくださる職人さんを探していたところ、この記念館からほど近くの佐々木活字店さんに出会いました。佐々木活字店さんは、新宿ものづくりマイスターの認定「技の名匠」に認定され、新宿区地域文化財にも登録されています。4代目の佐々木勝之さんはオリジナルで文房具の開発を行っており、ミュージアムグッズ開発のご相談に伺ったところ、快くご協力をいただきました。活字の製作や組版はもちろん、紙の選定からデザインに至るまで、大いにご協力をいただきました。漱石の初版本のフォントになるべく近づけてほしいというリクエストに応えていただけたのも、活字の鋳造から手掛ける佐々木活字店さんだからこそだと思います。

夏目漱石の初版本を、活字で再現

――技術面で工夫された点をお聞かせください。

佐々木　活字の版は一行一行組んでいきます。活字がすべて同じサイズだったら並べるだけでいいのですが、このメモ帳は文字の大きさをあえて変えているので、活字の周りに細かいスペースを入れるためのパーツが入っているんですよ。漢字にはふりがなをつけていますし、句読点もありますしね。それをすべて踏まえて、行間もなるべく崩れないように調整しています。

――文字の大きさが異なると、刷るのも難しそうですね。

佐々木　大きいサイズの文字の方が実はそんなに圧力がかからなくて、小さい文字のほうが圧がかかりやすいんです。このメモ帳も、普通に印刷すると、大きい文字がかすれて、小さい文字が潰れたようになってしまいます。その調整をするのも重要な作業です。もちろん、表紙の紙と中の紙では厚さが異なるので、紙に合わせて圧力を変えています。

――漱石山房記念館からメモ帳製作のお話を

活版印刷メモ帳の元になった展示。漱石の言葉が並んでいます。

いただいたとき、どのように感じられましたか。

佐々木　新宿区の施設からご依頼いただくのは嬉しいので、ぜひやりましょうという気持ちです。活字を使って、かつ活字の良さを見せたいという物作りは最近少なくなってきていますので。

――佐々木活字店さんの技術力の高さも伝わりますね。

佐々木　活版印刷は、圧をしっかりかけてボコボコと凹ませるイメージが最近一般的ですが、実はそうではありません。職人さんの腕の見せ所はどれだけ凹凸を出さないか。圧力をかけて凹ませるのは簡単なんです。文字の大きさによって多少の圧力のムラがあったとしても、全部凹ませてしまうからわからない。明治、大正時代の、夏目漱石の初版本のフォントを再現したいという話であれば、凹ませたりしない方がいいですからね。

亀山　そういう苦労を見せずに作ってくださるのが、職人さんのカッコよさですね！　一緒に製作できてよかったです。

佐々木活字店さんで見せていただいた、活版印刷メモ帳の版はこちら！

文豪たちの「言葉の力」を表現する

――言葉の美しさを堪能できるグッズというのは、文学館ならではの考え方ですね。

亀山　漱石と同じく新宿区ゆかりの文豪、泉鏡花が「いろはの徳はむりやうなり。つかふときは、たいせつに。」という言葉を残しているのですが、「いろはのとく」とは「言葉の力」という意味で、「むりやう（無量）なり」は「際限がない」という意味だと思います。明治や大正時代の文豪たちは言葉の力をすごく大切にしていたので、そこをぜひ味わってもらいたいなと思います。そう考えると、『夢十夜』はとてもぴったりな作品かなと思います。

――文学館のミュージアムグッズと、活版印刷は相性がいいですね。

亀山　活版印刷は言葉を美しく印刷する技術を競ってきた産業でもあるので、その良さが生かせてよかったです。活版で印刷されている文章は、やはり読み心地が違います。活字の組み方でも読み心地は変わってきます。その「言葉の受け取らせ方」を、今回のミュージアムグッズでは佐々木活字店さんが実験的に考えてくださったのかなと思いますね。

――博物館の財産として美術作品や標本などがある中で、文学館の財産は「モノ」に収まらない魅力がありますね。

亀山　そうですよね。所蔵品として作家の遺品や直筆原稿、初版本などももちろんあるのですが、言葉で紡がれている作品は、物理的なモノとはまた違う側面があると思います。それをどう形にして持って帰ってもらうのか

佐々木活字店4代目・佐々木勝之さん

夏目漱石の書斎の再現展示室。県立神奈川近代文学館と東北大学附属図書館の協力により再現されました。

を考えるのが、もしかしたら他の博物館と文学館との違いかもしれません。ミュージアムグッズを通じて、作品をそのまま持って帰ってもらうというのは、文学館としては大切なことなのかなと思います。

――夏目漱石は、作品数自体はそこまで多くはないですよね。

亀山　作家としての活動期間は11年ほどしかありませんでした。ですが、夏目漱石のハッとするような文章を生かしたミュージアムグッズを作ることはできると思っています。夏目漱石は有名な作品が多いのですが、あらためて言葉を抜き出してみると、「何気なく読んでいたけど、こんな印象的なことを言ってるんだ」と気づかされることがあります。それを発見していただけると嬉しいですね。

――今後、作ってみたいグッズはありますか。

亀山　引き続き新宿区の地場産業と連携しつつ、漱石の初版本のデザインを活かしたグッズを作りたいです。橋口五葉、津田青楓などが手掛けた装丁は、そのデザインの美しさから、お客様からもグッズ化のご要望が多いです。明治から大正にかけての日本は和本から洋本に移り変わる時代ですから、その中でブックデザインはすごく考えながら作られていました。『吾輩ハ猫デアル』の装丁を手掛けた橋口五葉は、装丁を「室内の装飾品」とまで考え、表紙、背、見返し、扉、奥付、函、カバーのすべてにこだわり、読者が本のページをめくる流れを意識した、独自の視覚芸術に昇華させました。その苦労や気持ちをグッズで表現できたらいいなと思っています。

夏目漱石『吾輩ハ猫デアル』の初版本。装丁は橋口五葉が手掛けています。（展示替のため公開されていない場合もあります）

Information

新宿区立漱石山房記念館

〒162-0043
東京都新宿区早稲田南町7
https://soseki-museum.jp/

✓ ショップURL
https://soseki-museum.jp/user-guide/museum-shop/

お問い合わせ
TEL 03-3205-0209　**FAX** 03-3205-0211

写真提供：新宿区立漱石山房記念館

Location 兵庫県

伊丹市昆虫館

昆虫館学芸員撮影シリーズ
伊丹市昆虫館オリジナル **紙袋** (大)500円(税込)／(小)300円(税込)
伊丹市昆虫館オリジナル **えんぴつ** 80円(税込)
伊丹市昆虫館オリジナル **缶バッジ** (大)200円(税込)／(小)100円(税込)

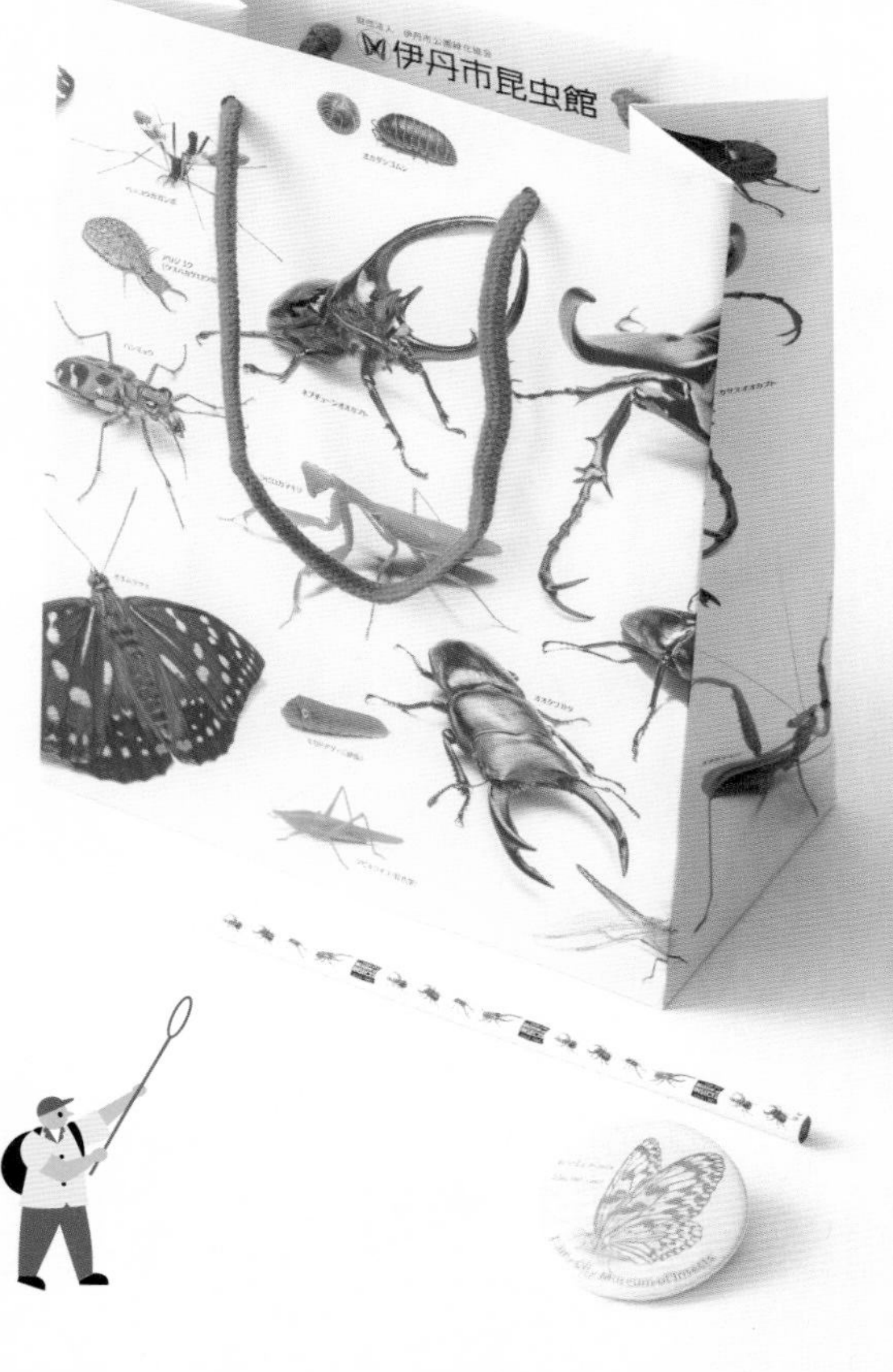

“グッズ制作を通じて、「やっぱり昆虫ってカッコいいな」と思いました”

「博物館に行くと幸せな気持ちになれる」。ここ、伊丹市昆虫館はまさにその幸せであふれています。オオゴマダラなど様々な種類のチョウが舞う温室、ユニークな展示企画の数々を見ると、「昆虫ってほんっといいですよね！」と声を挙げたくなってしまう。そして何より、興奮する来館者の皆さんの表情がいいのです。特に子供たちがかわいい。筆者が取材に行った際は、「このニジイロクワガタ！　ゲームで見た！　本物だー！」と目をキラキラさせる子供がいて、かわいすぎて倒れそうになりました。

そんな、最高の博物館体験ができる伊丹市昆虫館。ここのミュージアムグッズといえば、学芸員さんが撮影した昆虫の写真を使った缶バッジやクリアファイル、鉛筆に紙バッグにTシャツ……どれも昆虫の生き生きとした姿に溢れています。そんなミュージアムグッズ開発の裏側を探るべく、伊丹市昆虫館館長の奥山清市さんにお話を伺ってきました。

他の博物館はお手本でもありライバルでもある

――伊丹市昆虫館のミュージアムショップは、どのような歴史を辿ってきたんでしょうか。

奥山　かつては博物館の外に、しかも離れたところに売店がありました。その頃は委託販売の商品が多く、オリジナルグッズはほとんどありませんでした。そこで、2002（平成14）年くらいからオリジナルグッズ開発に力を入れ始めました。バッジマシーンを手に入れたので、独自の商品を作れるようになったんです。

――伊丹市昆虫館のミュージアムグッズを代表する、缶バッジですね。

奥山　小ロットで開発することができて、かつ売れ筋のミュージアムグッズといえば、私たちは缶バッジなんですよね。これまでは私たちで在庫を持つとリスクを抱えることになるので、委託販売で卸の商品を販売することが多かったのですが、それだと通り一遍の商品しか紹介できないなと思っていました。けれど、バッジマシーンがあれば、小ロットながらオリジナルでミュージアムグッズ開発ができるということに気が付きました。そこからは、小ロットでもユニークなものを作ることができて、しかも来館者にニーズがあるのだということがわかり、そのような姿勢の商品が増えていったんです。その後徐々に委託商品は減らし、オリジナルのミュージアムグッズと、ユニークなグッズを買い付ける方向にシフトしていきました。どこにでもある土産物屋さんのような商品構成だったのが、専門性、特殊性のある商品が増えていきました。しかし、2013（平成25）年に諸事情でこの館外のショップが無くなってしまったのです。その時にやはりショップは必要だということになり、スタッフが一丸となって入り口付近を無理やりショップ化したのが現在のミュージアムショップになっています。

――伊丹市昆虫館のミュージアムショップでは、他の博物館のミュージアムグッズも販売していますよね。

奥山　他の博物館のグッズも置いています。西日本の博物館は横の結びつきも強くて、お手本でもあり良いライバルでもあります。ですので、良いグッズは伊丹市昆虫館でも置いていきたいと考えています。お客様の反応が良ければ、オリジナルにこだわってはいません。基本的には、グッズとして良いものであれば構わないと思っています。

――このテントウムシのシールは、大阪市立自然史博物館と共同で製作されたんですよね。

奥山　そうなんです。あのシールは大阪市立自然史博物館の学芸員である初宿成彦さんと共同で開発しました。「大阪のテントウムシ」という、初宿さんが書いたミニガイドブックがあり、「これがシールになったら面白くない？」というアイデアが元になっています。初宿さんが情報や写真を提供してくださり、私たちで製作をし、業者さんに発注をしました。このシールでも身近な自然に興味を持つきっかけになってほしいですね。

大阪市立自然史博物館の学芸員である初宿成彦さんと共同で開発した、テントウムシシール。

昆虫たちとは長い目で付き合い続ける

――来館者に人気のミュージアムグッズは何ですか？

奥山　文房具は人気が高いですね。鉛筆やボールペンなどは、親御さんが購入しやすい

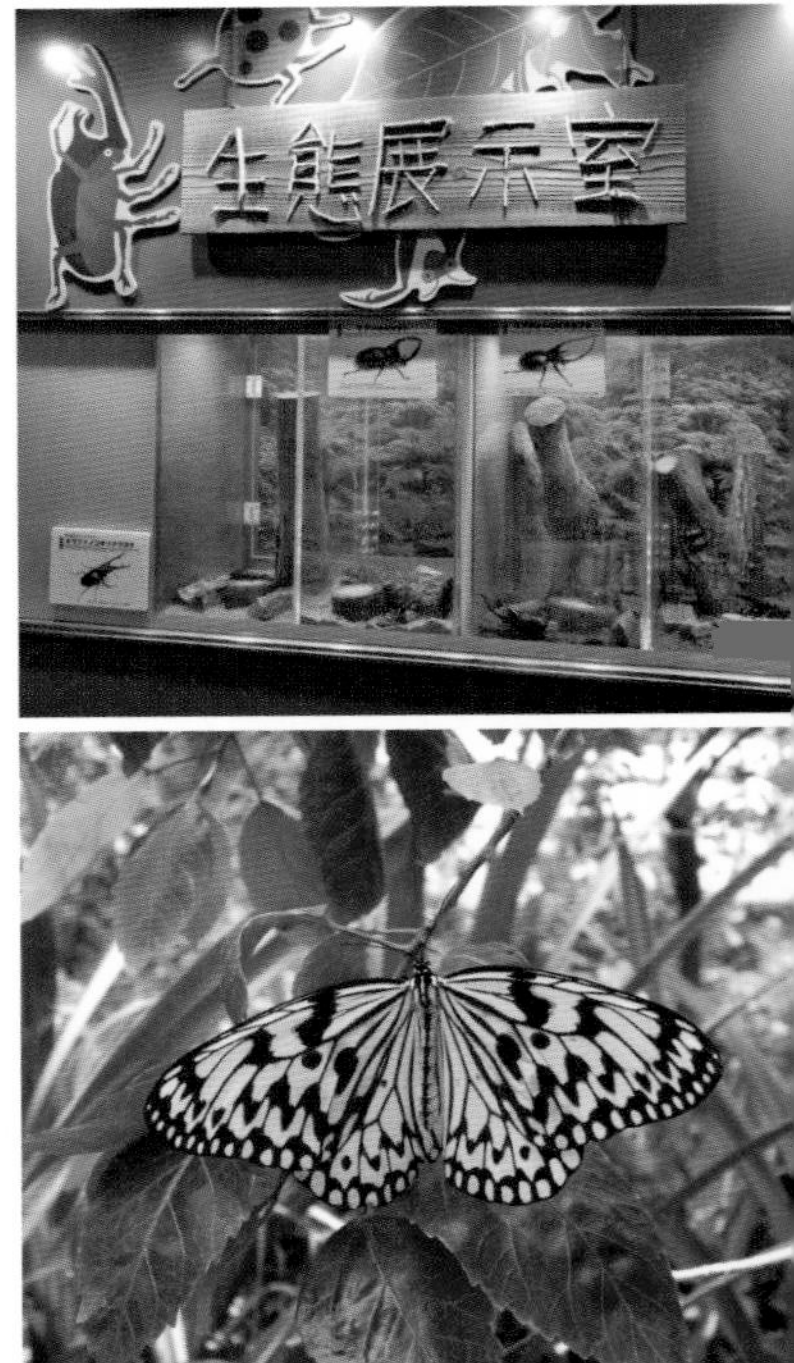

上／子供たちに大人気の生態展示室。いつもどこかから歓声が聞こえます。下／チョウ温室でオオゴマダラが舞う。これが見たくて熱心に通ってしまいます。

んですよ。この博物館は親子連れがとても多いです。あとは、ゴキブリのリアルなポストカードも人気だったりします。文房具店はもちろん、他の博物館でもなかなか売っていないグッズがあるというのも、来館者には魅力的に映るのではないかと思います。マニアックな人が買う少しとんがったグッズと、そうではない人が買うグッズのバランスはとりつつ、どちらも攻めていきたいですね。ですが、どうしてもついついマイナーでマニアックなグッズを作ってしまって……「普通のは面白くないだろう」と思ってしまうんです。そうすると、来館者から「チョウチョがどうしてないの？」と言われてしまいますね（笑）。

——ミュージアムグッズを開発するようになって、何か発見はありましたか。

奥山　発見ばかりです。ミュージアムグッズを作ること自体が面白いですよ。標本を作ったり、研究をしているのとはまた違う、生き物の魅力を感じる瞬間があります。昆虫の写真を使ったクリアファイルなどは、作りながら改めて、「昆虫ってカッコいいな」と思いました。来館者にも「昆虫カッコいい！」という気持ちを持って帰ってもらえたら嬉しいです。昆虫の写真は白バックで撮影することが多いのですが、インクの範囲が少なくて済むので、展示用だけでなくミュージアムグッズ用に撮ることもあります。このような写真素材が普段からあるので、ミュージアムグッズも割とすぐに作ることができるのだと思いますね。

——伊丹市昆虫館のグッズといえば、白バックの写真を活用したミュージアムグッズ！　というイメージがあります。

奥山　ありがとうございます。標本とはまた違った、昆虫のいい表情を写真に収めるようにしています。いろんな角度から撮影して、昆虫の種としての特徴と、カッコよさという魅力と、昆虫の動きをワンカットで収めたいんです。そういう写真はやっぱりミュージアムグッズとしても映えますよね。生き物が相手ですので、思い通りに行かないのが面白いです。生き生きとした姿を撮りたいです。二酸化炭素で麻酔をかけたり、専用の冷蔵庫に入れて、そこから復活し始めたところで写真を撮影しています。イモムシはまだしも、ハチは難しいですよ。でも、私も虫と長い付き合いですから、付き合い続けているとわかるんです。学生の時は研究相手ですけど、今となってはビジネスパートナーですから。こちらから一方的に刺激するのではなくて、長い目で付き合うことが大事ですね。

お話を聞かせてくださった奥山さん

ミュージアムグッズは博物館体験の栞

――これから作ってみたいミュージアムグッズはございますか。

奥山　漠然としていますが、他の博物館にはないもので、私たちでしか実現できないものを作っていきたいですね。素材の写真があるので、スピード感をもってミュージアムグッズ開発を実現できる点が売りではありますが、もっとじっくり時間をかけて作っていければと。「あのグッズが欲しいから伊丹市昆虫館に行ってみたい」と、来館者に思ってもらえるくらいのものを作りたいですね。

――ミュージアムグッズ開発をしていて、嬉しい瞬間は何でしょうか。

奥山　自分たちが作ったものを喜んで買っていってくれるのは嬉しいです。値段の安いグッズが多いんですが、先ほどもお話ししたオリジナルの缶バッジはその代表です。子供たちがお母さんから「一個だけよ」と言われて選んでくれて。探す過程とか見るのがすごく嬉しくて。そのような意味でも、単に売り上げだけが重要なのではなく、やはりミュージアムグッズ、ミュージアムショップは展示の一環だと思っています。アウトリーチとしてお客さんに持って帰ってもらえるものとして、経験と記憶、体験というのはすごく大切なことなんです。博物館体験の栞、とでも言いますか。経験の栞としてグッズを一緒に持って帰ってもらえるといいですね。「あの時昆虫館に行って買ったやつだね、楽しかったね」とか、「チョウが綺麗だったな」とか、そういう栞として機能してくれるのではないかと思い、力を入れています。

――「博物館体験の栞」というのはまた、素敵ですね。

奥山　ミュージアムショップは博物館とお客さんをつなぐ絆みたいなものです。今はYouTubeなどオンラインで出来ることがかなりあるので、博物館でしかできないことと言えば、やはり実物を見ることであり体験をすることだと思います。博物館に来て昆虫を見た子供たちは、「この昆虫たち本物!?」と驚くんですよ。そのような、本物と出会って触れ合える体験が大切ですね。実物は持って帰れないし、体験は揮発してしまう。その時に感じたことは、常に手元に置いてもらえるような、栞や絆、結びつきのようなものが、ミュージアムグッズの役割だという点ですね。それが具現化できるような、博物館の魅力がぎゅっと詰め込まれているようなものを作りたいです。

見よ！　これが圧巻の缶バッジコーナー。子供たちが真剣に選んでいます。

Information

写真提供：伊丹市昆虫館

伊丹市昆虫館
〒664-0015
兵庫県伊丹市昆陽池3-1
昆陽池公園内
https://www.itakon.com/

お問い合わせ
TEL 072-785-3582　**FAX** 072-785-2306
MAIL itakon@itakon.com

Location 大阪府

大阪市立自然史博物館

虫へんシリーズ
虫へんTシャツ 2,750円(税込)
虫へんサコッシュ〈ライトナイロン〉(全3色) 各2,970円(税込)

「博物館的なもの」を追い求める、目利きの力を信頼してもらえているのかもしれない

ミュージアムショップ、ミュージアムグッズを語る上で、大阪市立自然史博物館の存在はとても重要です。店内に所狭しと並べられたミュージアムグッズの数々は圧巻。オリジナルのグッズの種類も豊富で、題材やデザインも個性的、書籍のラインナップも半端じゃない！　あれもこれもと欲しくなってしまい、気が付いたら大阪の自然の虜になってしまう。そう、このミュージアムショップでお買い物をすると、自然と生き物たちに興味を持てるようになるし、足元の草花、きのこ、昆虫……その全てが愛おしくなってしまうのです。一体どうしたらそんなお店作り、商品作りができるのでしょうか。

今回は、大阪市立自然史博物館のミュージアムショップ部門を請け負っている、認定NPO法人大阪自然史センター「はくラボ」（以下はくラボ）の、池内美絵さん（ミュージアムサービス事業担当）、ニシザワマキコさん（普及教育事業担当、なにわホネホネ団団長）にお話を伺ってきました。

立ち話から派生してグッズを作っているんです

――ロングセラーのミュージアムグッズや、人気のグッズは何でしょうか。

池内 ロングセラーは間違いなく虫へんシリーズですね。発売当時からコンスタントに売れ続けて、メディアでも取り上げられます。よく売れるのは鳥へんシリーズなんですよ。でも話題になりやすくて、ロングセラーなのは虫へんの方ですね。木へんシリーズもあるんですよ。湯のみやトートバッグにも展開していますし、大阪自然史博を象徴するグッズかもしれません。

ニシザワ 鳥へんシリーズも含め、生き物がモチーフになっているミュージアムグッズは、学会に持って行くととても喜ばれますね。生態学会などに私たちのミュージアムグッズを持って行って販売するのですが、研究者の方々は自分の対象としている生き物のミュージアムグッズがあると喜んでいます。やっぱり自分たちの専門分野のものを身に着けたいのだと思います。湯のみなども研究室で使えますしね。

第2展示室に並ぶ骨格標本の迫力！　来館者が歓声を上げる展示室です。

――はくラボのミュージアムグッズ開発に学芸員さんとの関わりは不可欠だと思うのですが、どのようにコミュニケーションをとっていらっしゃいますか。

池内 普段からコミュニケーションをとっているので、職種を超えた仲間同士のような意識があるかもしれません。私たちが活動している部屋の廊下に、現在進行中のミュージアムグッズや、過去に開発したミュージアムグッズの資料を貼りだしています。ですので、私たちが今何をやっているのかは、館内で働く人が把握できるようにしています。あとは私たちも積極的に博物館内の情報を拾うようにしています。学芸員さんが今何をしてるかも見ていますし、面白い！　と思う動きはキャッチアップしています。SNSをやっている学芸員さんも多いので、「昨日のあの話題面白かったね」ですとか、些細なことですが。情報が一方向から来るのではなくて、様々な方向から入って来る関係性があるので、その点がミュージアムグッズ開発に影響しているのかもしれません。

――特別展に合わせてミュージアムグッズを開発されることが多いとのことですが、学芸員さんとどのような話し合いをしますか。

池内 実は私たち、学芸員さんとの廊下での立ち話から派生したミュージアムグッズが多いんです。会議室とかでちゃんと学芸員さんとミュージアムグッズについて話すことはむしろないかもしれません。特別展のミュージアムグッズ開発はいくつかパターンがあるので作りやすいのかもしれませんね。Tシャツや、バッジを作って、あとはプラスで何かを作ります。私たちはTシャツがマストアイテムなんですよ。

ニシザワ ミュージアムグッズの話になると「Tシャツどうする？」と言っていますね。Tシャツを着てギャラリートークや講演もするので必要なんです。バッジも作りやすい

エントランスポーチには、ナガスクジラ（ナガスケ）とマッコウクジラ（マッコ）、ザトウクジラ（ザットン）の全身骨格標本が！

ミュージアムショップには所狭しとミュージアムグッズが。書籍の数も豊富です！

のでよく作っています。バッジは私たちがバッジマシーンで作るので、特別展の10日くらい前までにデザインが仕上がっていれば増産できます。本当に最後の最後の作業ですね。あとは、池内がミュージアムグッズ担当になってから、作るグッズの種類が激増しましたね。2018（平成30）年の特別展「きのこ！キノコ！木の子！～きのこから眺める自然と暮らし～」では、Tシャツ、バッグ、バッジ、ハンカチ、グラスまで作りました。ただあの特別展では、切り絵作家のいわたまいこさんがビジュアルを手掛けてくださったこともあり、グッズとして当たる！　という確信がありました。チラシなど、特別展のメインビジュアルのデザインによって、グッズに展開しやすいかどうかも関係してきますね。

何色のTシャツがいい？　タウンユースVSフィールド

——Tシャツがそんなにいつも作られているとは思いませんでした。

ニシザワ　ただ、Tシャツの素材を選ぶのにいつも苦労しています。野外などのフィールド調査に行く人には「もっと厚手の生地がいい」って言われます。でもフィールドに行かない人だって買いますし、その違いはいつも悩むんですよね。

池内　Tシャツは色も難しいです。博物館のスタッフや友の会のメンバーは、博物館の行事やフィールド調査でも着るので、明るい色がいいそうなんです。濃い色は虫が寄ってくるし、何かあっても発見されやすいとのことで。でも購入する人の中には、街中で着たい人もいますよね。明るい色だと普段着るには浮いてしまいますし。だからイベントで販売するTシャツは派手な色にして、ショップで販売するTシャツはシックな色にしています。

ニシザワ　フィールドVSタウンみたいなことですよね。顧客は圧倒的にタウンにいるんですけど、フィールドの人の声が大きいんです。「シックな色？　いやや！汗かくー！　虫刺されるー！　蜂寄ってくるー！」などと言われてしまう。でもタウンの人はそうは感じないですよね（笑）。あとは、友の会のメンバーなど、熱心に購入してくださる方々がだんだん高齢化していて、やはり明るい色が人気なんです。シックな色だと、「柄は素敵なんだけど、色的に私が着たら顔色が悪くなる」って言うんです（笑）。

池内　対策としては、博物館のスタッフ向けに、販売色とは別に、特別に個別で好きな色の注文を募るんですよ。それも参考になっていて、次回の増産の際にその色も追加してみるなど、人気の色はいつも模索しています。

「ネイチャースクエア　大阪の自然誌」で地域の自然環境について学べます。

博物館に出入りする人が眉をひそめるものは置いていない

——オリジナルグッズを開発する際に、心がけていることはありますか。

ニシザワ　博物館からミュージアムショップの事業者へ求める必要事項が書かれた、運営業務仕様書、特記仕様書というものがあるんですよね。その内容が、商品は常時500アイテム以上、オリジナルグッズは常時30アイテム以上、書籍は常時1000タイトル以上などと、細かく定められているんです。新商品なども学芸員さんにチェックしていただいて、それを通過しないと入荷できないようになっています。ミュージアムショップも博物館の一部ですよね。博物館と同じくらい、「博物館的なものとは何か」を分かっていないと、あのチェック網は突破できないと思います。恐らく、私たちのそういう目利きの力を博物館に信頼してもらえているんだろうなと思います。

左／池内美絵さん、右／ニシザワマキコさん

池内　ミュージアムショップのスタッフや学芸員さんも色々な博物館などに行って、良いグッズがないかチェックをしてくれています。あと私たちのミュージアムショップは、博物館の中のファンが多いんです。スタッフの皆さんや、友の会の会員さんですね。グッズや本を販売する上でそこが一つの試金石です。この館に出入りする人が眉をひそめるようなものは、私たちは置いていないと思います。

——今回の新型コロナウイルスの影響を受け、クラウドファンディングの実施や、「緊急！　はくラボ応援グッズ」も制作していましたね。

池内　「緊急！　はくラボ応援グッズ」の「OMNH※的アマビエ」は、学芸員の石田惣さんのTwitterを元に制作しました。「アマビエさまって熊本の海で夜に光っていたらしい。したらばそれはウミサボテンだと思うのだな」とツイートしていて、これはグッズにしたい！　と思ったんです。大阪市立自然史博物館的なアマビエですよね。

ニシザワ　石田さんがツイートしてから10日ほどで販売を開始しましたね。石田さんはものすごい勢いで解説の文章を書いてくださいました。学芸員の皆さんはお忙しいのに、解説を頼むと書いてくださるの早いんですよ。学芸員の皆さんは、開発されたグッズの科学的根拠を欠かさず確認しなければなりません。その気合で書いてくれているんだろうなと思います。なので、ミュージアムグッズの開発担当者は、学芸員がどれだけ忙しい状況でも、追い掛け回す能力が必要かもしれません。

※OMNH…大阪市立自然史博物館（Osaka Museum of Natural History）

Information

大阪市立自然史博物館
〒546-0034
大阪府大阪市東住吉区長居公園1-23
http://www.mus-nh.city.osaka.jp/
✓ **オンラインショップURL**　https://omnh-shop.ocnk.net/（友の会）

お問い合わせ　**認定NPO法人大阪自然史センター**
メールフォーム　https://omnh-shop.ocnk.net/contact

20

Location 大阪府

海遊館

オウサマペンギン3変化ぬいぐるみ 2,860円（税込）

Point

（株）フェリシモのオンラインショップでも購入が可能ですが、海遊館のオフィシャルショップでは、雌雄識別タグ付きの限定ぬいぐるみがゲットできます。これはもう現地に行くっきゃない！

卵から雛、雛から成鳥へ、3変化のペンギンたち

卵は実物大！　両翼のこだわりも楽しいぬいぐるみ

オウサマペンギンは、卵から雛、雛から成鳥へと、見た目を大きく変えながら成長していきます。あの茶色くて大きな雛が、どんどん成鳥へと育っていく変化が楽しいんですよね。このぬいぐるみは、そんなオウサマペンギンの変化を表現したもの。海遊館と（株）フェリシモのコラボレーションで開発された、人気のグッズです。卵と雛、成鳥をリバーシブルできる仕様です。卵の大きさはなんと実物大！　目の横には耳が付いていて、足も思ったより長いんだ！　などと、オウサマペンギンの特徴を見事に捉えたぬいぐるみです。それもそのはず、特徴はもちろん、色や柄、全身のフォルムに至るまで、海遊館の飼育員さんが監修しています。正確に作られているからこそ、オウサマペンギンの正しい知識を学ぶことができます。実際に海遊館に行った時に、「あ！うちにあるのと同じだ！」と楽しむことができます。

How to use

「問題です！　このオウサマペンギンの耳はどこにあるでしょう？」と、子供とぬいぐるみ遊びをしてみては。オウサマペンギンへの理解を深めることができます。

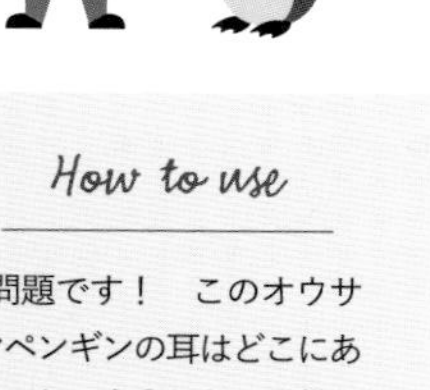

Information

海遊館

〒552-0022 大阪府大阪市港区海岸通1-1-10

https://www.kaiyukan.com/

お問い合わせ

TEL 06-6576-5501（海遊館インフォメーション）

写真提供：海遊館

21

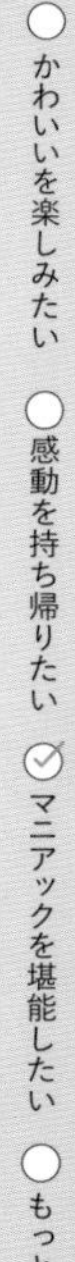

かわいいを楽しみたい
感動を持ち帰りたい
マニアックを堪能したい
もっと深く学びたい

Location 東京都

21_21 DESIGN SIGHT

21_21トートバッグ 2,970円(税込)

Point

21_21 DESIGN SIGHTのシンボル「プロダクトロゴ」。実は、21と21の間は人間の目の幅になっているとのこと。「そこまで考えられているんだ！」という発見だらけです。

安藤忠雄建築とトートバッグ

デザインって何だ？　飽くなき探求心が伝わるトートバッグ

21_21 DESIGN SIGHTは、デザインの観点からあらゆる物事を見つめ直し、世界に向けて発信している施設。安藤忠雄の建築が印象的です。創立者である三宅一生の服づくりのコンセプト、「一枚の布」から着想を得て、一枚の鉄板を折り曲げたような屋根のデザインに辿り着きました。館内のコンクリート製の壁や床などは、展示される様々な作品の魅力を最大限に引き出しています。同館ショップには、館内のサインやロゴを生かしたオリジナルグッズが並びます。中でもおススメは、そのコンクリート製の壁を撮影し、テキスタイルにしたトートバッグ。バッグ本体の大きさや形、持ち手の長さに至るまで、すべてオリジナルで製作されています。デザインをテーマにした施設だけあって、モノ作りへの飽くなき探求心を感じる逸品。使うたびに、21_21 DESIGN SIGHTでの思い出を反芻できますし、安藤忠雄建築の一部を持ち帰った気持ちになれます。

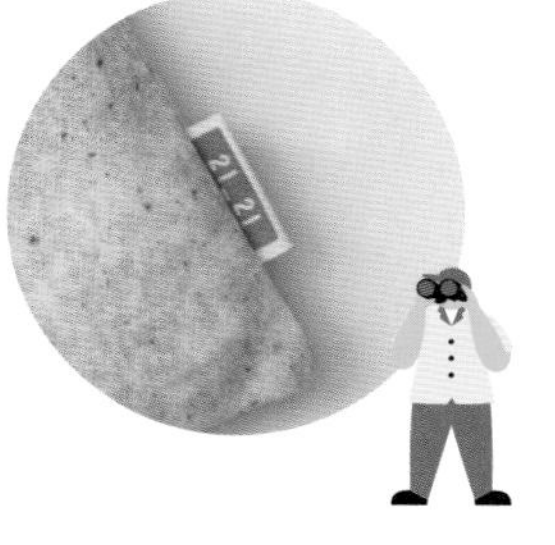
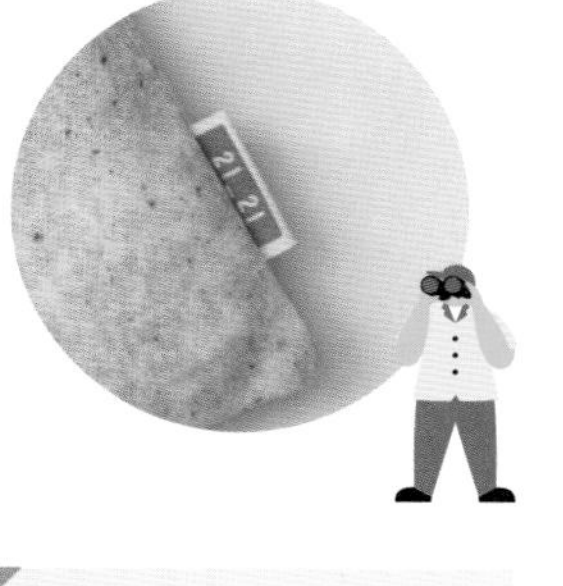

How to use

A4が余裕で入るサイズで、仕事用にノートPCを持ち運ぶのにもぴったり。コンクリートのグレーの風合いが美しいので、コーディネートし甲斐があります。

Information

21_21 DESIGN SIGHT

〒107-0052
東京都港区赤坂9-7-6
東京ミッドタウン ミッドタウン・ガーデン内
http://www.2121designsight.jp/

✓ **ショップURL**
http://www.2121designsight.jp/designsight/shop/

お問い合わせ
TEL 03-3475-2121
MAIL info@2121designsight.jp

photo : Masaya Yoshimura

国立歴史民俗博物館

花押シール・印判シール 各350円(税込)

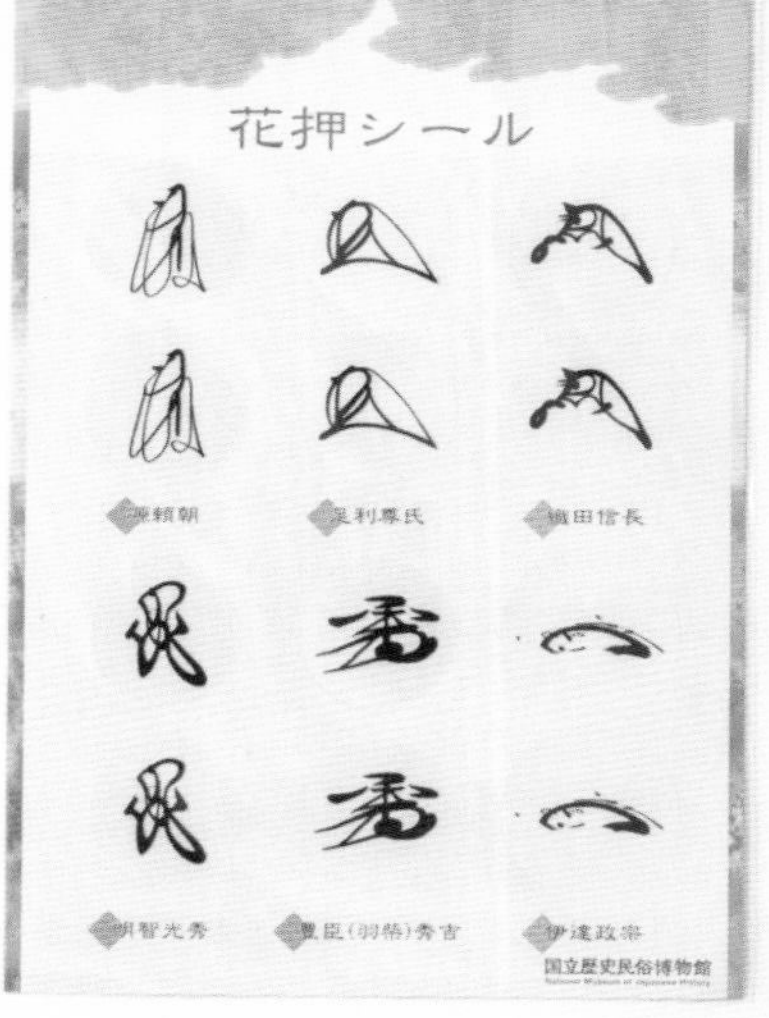

Point

国立歴史民俗博物館ミュージアムショップの公式キャラクター「ハニワスキー」がかわいい。Twitterを中心に活動していて、前方後円墳の形をしたポシェットを下げています。

花押を知る、印判を読む

シールで学ぼう！　好きな武将の花押や印判を探すのも楽しい

国立歴史民俗博物館は、歴史学・考古学・民俗学を研究テーマに、1981（昭和56）年に設置された博物館です。日本の歴史と文化を展示で学ぶことができます。ミュージアムショップでおススメなのが、花押シール、印判シールです。「花押……印判……何それ？」と不思議に思われた方もご安心ください。シールには国立歴史民俗博物館の小島道裕教授の解説が付いています。それによると、花押とは、本来は自分の公式の名前（実名）をくずしたもの。しかし、平安時代の後期から、庶民や武家は実名と花押の両方を書くようになり、名前とは関係のない字や形も使われるようになったそうです。源頼朝や明智光秀などの花押があり、好きな武将のものを見つけるのも楽しいですね。印判は室町時代から個人印として用いられ、特に戦国時代の武将は、印判状という押印した文書を多く発行していました。この印判シールには、織田信長や伊達政宗など有名な武将のものもあります。個人的なお気に入りは細川忠興。ポルトガル式のローマ字で名前が綴られているのが興味深いです。

How to use

「あの人、大河ドラマや歴史系の映画が好きみたい！」と思ったら、そっとメモや手紙にこのシールを貼ってみましょう。食いついてきたら仲良くなれそう！

Information

国立歴史民俗博物館

〒285-8502
千葉県佐倉市城内町117
https://www.rekihaku.ac.jp

お問い合わせ

国立歴史民俗博物館ミュージアムショップ
一般財団法人 歴史民俗博物館振興会
TEL 043-486-8011
✓ **オンラインショップURL**
https://rekihakushop.shop-pro.jp/

写真提供：国立歴史民俗博物館

23

Location 福岡県

福岡市博物館

金印スタンプ 723円(税込)

Point

なぜ金印が志賀島に埋められていたのか、様々な説があり論争になりましたが、現在でもその理由は不明です。未だに謎が多い金印。展示室でじっくり眺めてみて。

精巧に再現！ 捺したくなる国宝

抜群の存在感を誇る金印がスタンプに！ 国宝を捺して堪能しよう

誰もが一度は教科書で見たことがある、国宝金印「漢委奴国王」。博多湾の北部に位置する志賀島で、江戸時代に農作業中に偶然発見されたとのこと。こんな美しいきらめきの金印が土の中から出てきたら、驚いて腰が抜けてしまいそう。その後、黒田家に代々伝わり、1978（昭和53）年に福岡市に寄贈されました。1990（平成2）年からは福岡市博物館に収蔵・展示されています。荘厳な佇まいで展示されている金印。ミュージアムショップでは、数々のグッズが展開されています。レプリカにマグネット、野帳にクリアファイル……たくさんあるので迷ってしまいますね。なかでもおススメは、スタンプです。金印なので、やはり印面に何と記されているか知りたい。私のノートに捺してみたい。そんな夢が叶ってしまうんです。金印関連のミュージアムグッズの中でも一番人気だそう。実際に使って楽しめるので、人気の理由も頷けます。手帳に捺して、実際に金印を見た思い出を一緒に記すのも楽しそうですね。

How to use

学校の先生にも「よくできました」スタンプとして人気だそう！ 仕事用のノートに真似して捺してみようかな。

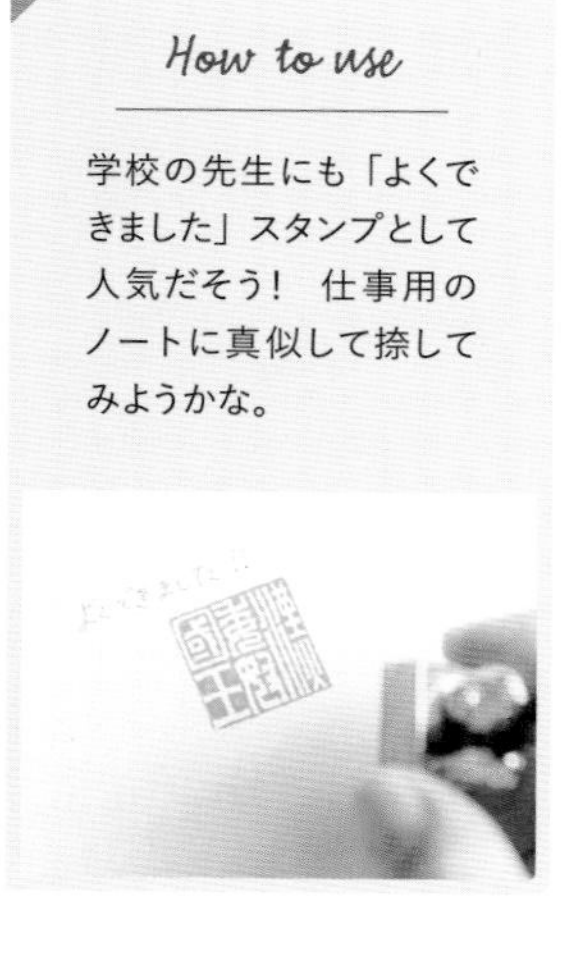

Information

福岡市博物館

〒814-0001
福岡県福岡市早良区百道浜3-1-1

http://museum.city.fukuoka.jp/

✓ ショップURL
http://museum.city.fukuoka.jp/about/shop.html

お問い合わせ　福岡市博物館ミュージアムショップ
TEL 092-823-2800

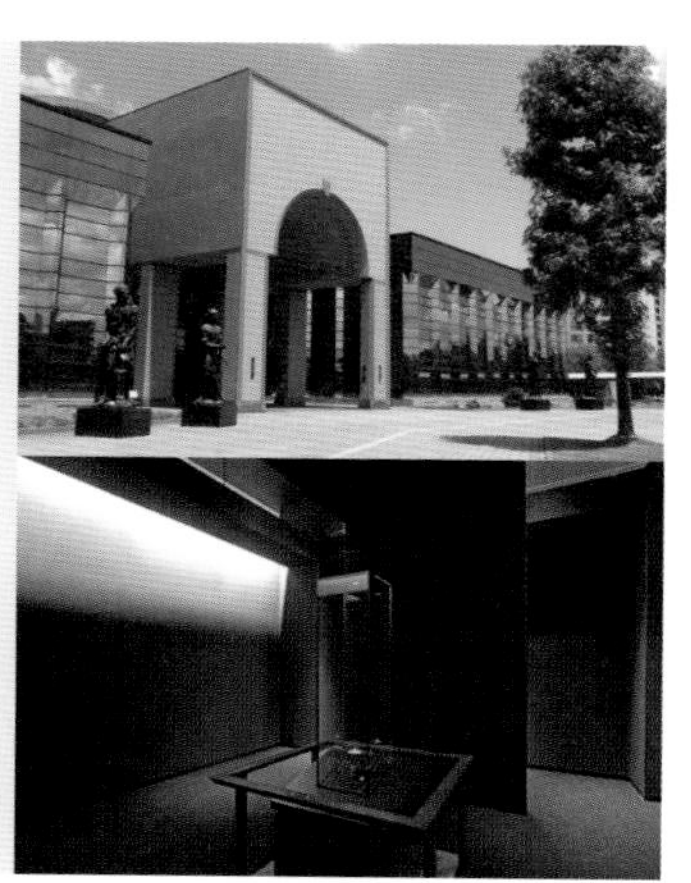

写真提供：福岡市博物館

Location 東京都

葛西臨海水族園

ウミガラスのたまご 540円(税込)

Point

ウミガラスがいる「海鳥の生態」コーナーには、他にもエトピリカがいます。陸や水面で羽づくろいをしたり、水中を泳ぐ姿を間近でじっくり観察してみて。

カラフルなたまご、守りたい命

繁殖地復活へ、知って守りたいウミガラスの生態

ウミガラスが水中に潜って餌を捕っている姿を見たことがありますか？　翼をすぼめ、ものすごいスピードで泳ぐ姿は圧巻。葛西臨海水族園では1989（平成元）年開園当初からウミガラスを飼育展示しており、「海鳥の生態」コーナーで泳ぐ姿を見ることができます。ウミガラスの国内の繁殖地は北海道の天売島のみ。魚網にかかってしまったり、カラスなどの捕食者の影響で、2002（平成14）年にはその数が13羽にまで減少してしまいました。葛西臨海水族園では、2016（平成28）年から環境省や天売島がある羽幌町と連携し、現地の保全活動を開始しました。2017（平成29）年に保全活動の一環としてイベント活動を実施するも、葛西臨海水族園でのウミガラスのグッズがない状態。そこで、2018（平成30）年に飼育、商品開発、販売の各担当者が協力してグッズ開発を開始しました。グッズのテーマにしたのは、ウミガラスの卵の色。個体によって淡い青、緑、白、褐色など、様々でカラフルなんです。そんな卵が、キャンディが中に入った「ウミガラスのたまご」として2019（平成31）年に登場しました。色は全4色で、ニュアンスカラーがかわいい。※在庫切れの場合もございます。

How to use

おみやげにもらったら、「なにこれ！ かわいい！」と驚かれることでしょう。中のキャンディを食べ終わったら、机の上にそっと置いて小物入れに。クリップなどを入れるのにもいいかも。

Information

葛西臨海水族園

〒134-8587　東京都江戸川区臨海町6-2-3

https://www.tokyo-zoo.net/zoo/kasai/

✓ **オンラインショップURL**

https://www.tokyo-zoo-shop.jp/shop/

お問い合わせ

TEL 03-3869-5152
（掲載商品に関する問い合わせ）

TEL 03-3821-6898
（オンラインショップに関する問い合わせ）

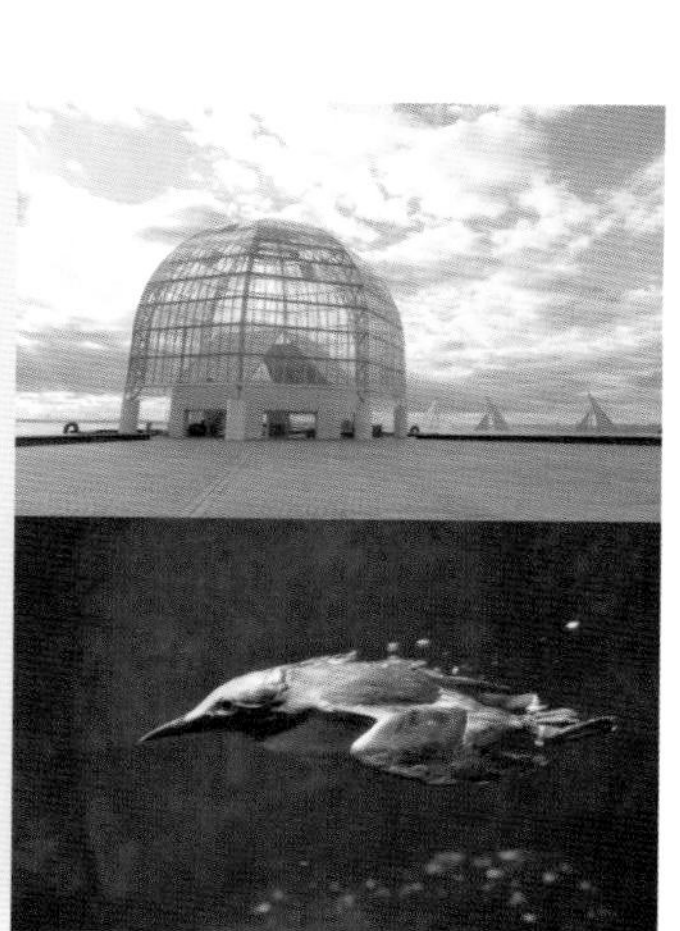

写真提供：公益財団法人東京動物園協会

25

Location 愛知県

徳川美術館

マスキングテープホルダー 刀剣 1,100円(税込)

Point

徳川美術館には、国宝9件、重要文化財59件をはじめとする、1万件余りもの所蔵品があります。刀剣はもちろん、日本一豪華な嫁入り道具である「初音の調度」もじっくり見られます。

刀剣の輝きとマスキングテープ

本物の輝きを思い出させるマスキングテープホルダー

徳川美術館では、尾張徳川家が受け継いできた宝物の数々を展示しており、それらは名古屋城などで代々大切に保存されてきたため、状態が非常に良いのも見どころです。特に刀剣は、江戸時代の研ぎのまま保存されており、貴重な状態を保っています。本物の輝きをこの目に焼き付けに行きましょう。世はマスキングテープ戦国時代。多くの博物館から様々なマスキングテープが販売されています。ですが、マスキングテープホルダーを作っている博物館はなかなかないのではないでしょうか。徳川美術館で販売されているマスキングテープホルダーは、なんと刀剣の形をしております。黄金に輝き何とも豪華絢爛。柄の部分には葵紋、鍔には葵の葉がデザインされており、徳川美術館らしさがデザインされています。徳川美術館で販売されているマスキングテープには刀剣をイメージしたデザインもたくさん。本作長義（ほんさくながよし）、南泉一文字（なんせんいちもんじ）、鯰尾藤四郎（なまずおとうしろう）、物吉貞宗（ものよしさだむね）、後藤藤四郎（ごとうとうしろう）のマスキングテープを用意し、このホルダーにセットしてみると、ピッタリ！　※オンラインショップでも購入可能です。

How to use

刀剣のホルダーなので、やっぱり刀剣のマスキングテープをセットしたい！お気に入りの刀剣を入れてデスクに飾り、ニヤニヤしながら眺めましょう。

Information

徳川美術館
〒461-0023
愛知県名古屋市東区徳川町1017
https://www.tokugawa-art-museum.jp/

✓ **オンラインショップURL**
https://tokugawa.shop-pro.jp/

お問い合わせ　**徳川美術館ミュージアムショップ**
TEL 052-935-6262　**FAX** 052-935-6261
MAIL shop@tokugawa.shop-pro.jp

写真提供：徳川美術館

Location 岩手県

奥州市牛の博物館

A5ランク前沢牛肉一筆箋 400円（税込）

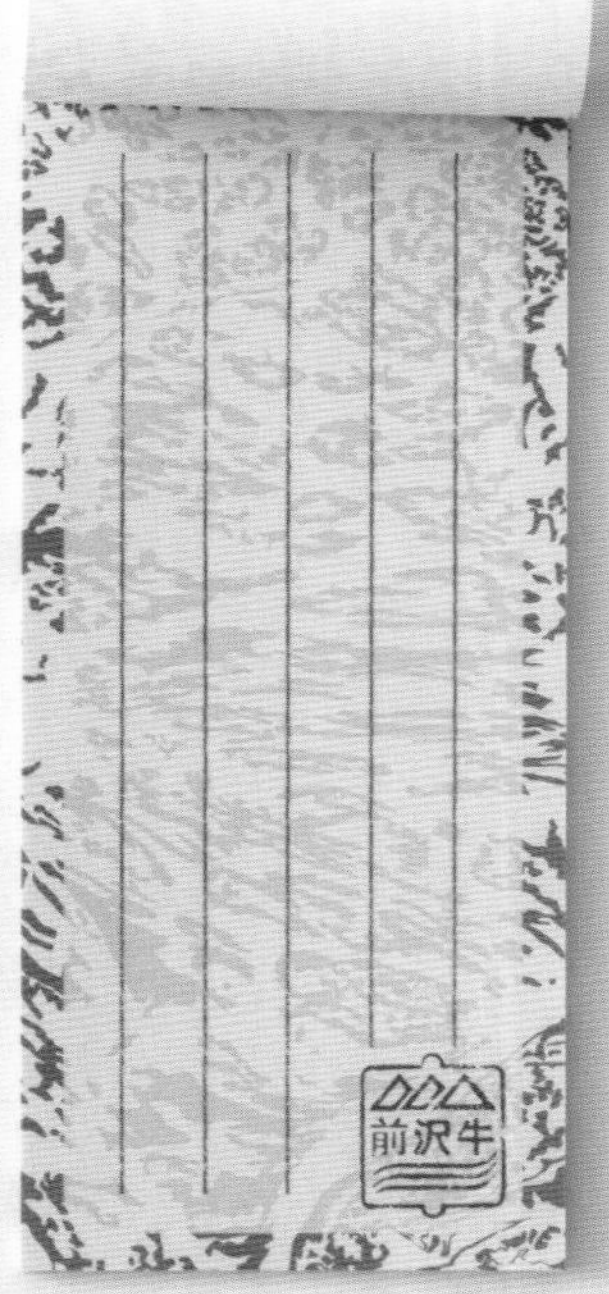

Point

牛の博物館のすぐそばには、雄大な北上川が流れています。この地の風土と牛との関係性に思いを馳せながら、奥州市の豊かな自然も併せて楽しんで。

牛と私たちのつながり

前沢牛の一筆箋！「牛って何だろう？」がわかる博物館

『もしも人類が牛を家畜として伴侶に持たなかったら、人類文化の発展は確実に500年以上は遅れたであろう』とさえいわれています。」という、博物館のメッセージに驚かされます。牛は食糧としてだけでなく、糞を肥料として、田畑を耕す際に欠かせない労働力としてなど、様々な形で私たち人間の暮らしに寄り添っています。1995（平成7）年に開館した、牛について生物学、人文科学の両面から学べる奥州市牛の博物館。前沢牛と地域とのかかわりについても展示で紹介されています。そんな前沢牛の牛肉が、なんと一筆箋になっています。しかもA5ランク！　立派な霜降りをじっくり観察したくなりますし、前沢牛の商標マークも付いています。一筆箋は様々なミュージアムショップで販売されていますが、この前沢牛肉の一筆箋を使えばインパクト大！　ミュージアムショップには他にも牛にまつわるグッズが並んでいます。ここにしかないオリジナルグッズも多いので、ぜひチェックしてみて。

How to use

ちょっとした贈り物に添えるのにぴったりな一筆箋。他の人とは違うものを追い求めている方に見せてみたい。驚かせたくなります。

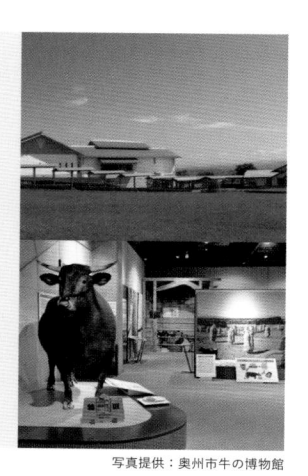

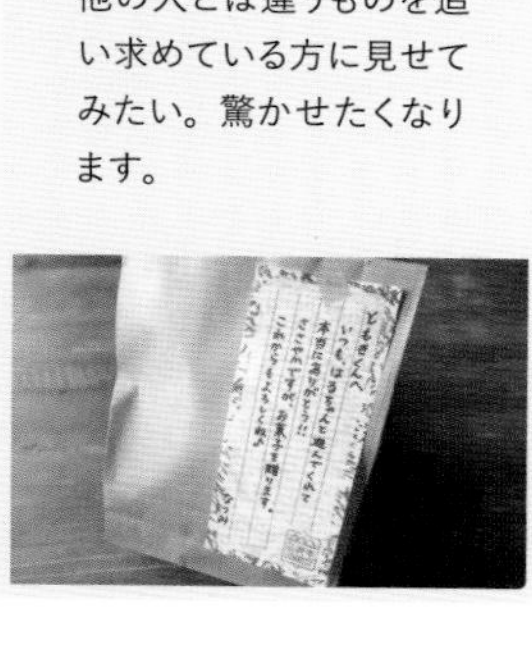

Information

奥州市牛の博物館

〒029-4205
岩手県奥州市前沢字南陣場103-1

http://www.city.oshu.iwate.jp/htm/ushi/index.html

✓ ショップURL
http://www.city.oshu.iwate.jp/htm/ushi/21_shop/main.html

お問い合わせ

TEL 0197-56-7666　**FAX** 0197-56-6264
MAIL ushihaku@city.oshu.iwate.jp

写真提供：奥州市牛の博物館

27

○ かわいいを楽しみたい
○ 感動を持ち帰りたい
✓ マニアックを堪能したい
○ もっと深く学びたい

九州国立博物館

針聞書スタンプコレクション

各300円（税込）※オンラインショップでは7種セット2,000円（税込）

Point

針聞書のミュージアムグッズは、スタンプの他にも、クリアファイルや付箋メモセットなどがあります。なんと瓶詰めのフィギュアまで！　お気に入りを連れ帰る楽しみがありますね。

あなたの病気は、どの虫？

病気に対する考え方がわかる！　病気の虫のスタンプ

九州国立博物館の人気の収蔵品といえば、「針聞書」ではないでしょうか。これは1568（永禄11）年に記された医学書で、中国から入ってきた東洋医学の考え方が、日本で発展してきたことを示す資料。針の基本的な打ち方、病気別の針の打ち方や、病気の原因と考えられていた、体の中にいる虫の図とその治療法などが書かれています。戦国時代当時の病気に対する考え方などがわかる資料で、これだけ多くの虫が描かれている資料は、日本でもほぼ類を見ないとのこと。「針聞書スタンプコレクション」では、全63点ある虫の図から、「亀積」「気積」「蟯虫」「肺虫」「脾積」「脾臓の笠虫」「脾臓の虫」の7種が選ばれています。例えば、「亀積」は宿主の胃に棲んでいて、頭に青い笠をかぶっている虫。宿主が飲んだ薬を効かなくさせるのだそう。このスタンプで、貴重な資料に親しんでみましょう。全部集めて楽しめば、博物館へ本物を見に行きたくなるはずです。

How to use

虫たちのユーモラスな表情がかわいらしく、インクの色もカラフルなので、手帳のページをデコレーションするのに使えそう。

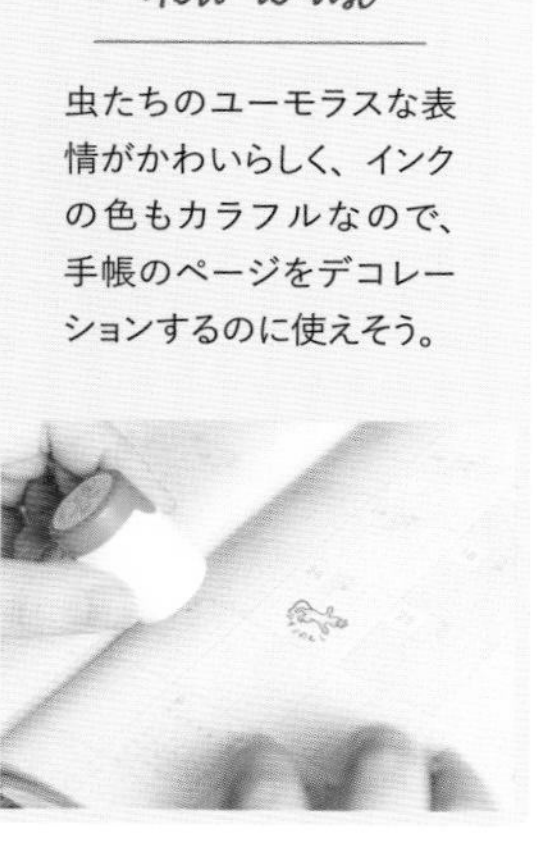

Information

九州国立博物館

〒818-0118
福岡県太宰府市石坂4-7-2

https://www.kyuhaku.jp/

✓ **オンラインショップURL**
https://kyuhaku-museum.shop/

お問い合わせ
九州国立博物館ミュージアムショップ
TEL 092-918-8818

写真提供：九州国立博物館

28

Location 北海道

渡辺淳一文学館

失楽園ハンカチ 1,650円(税込)

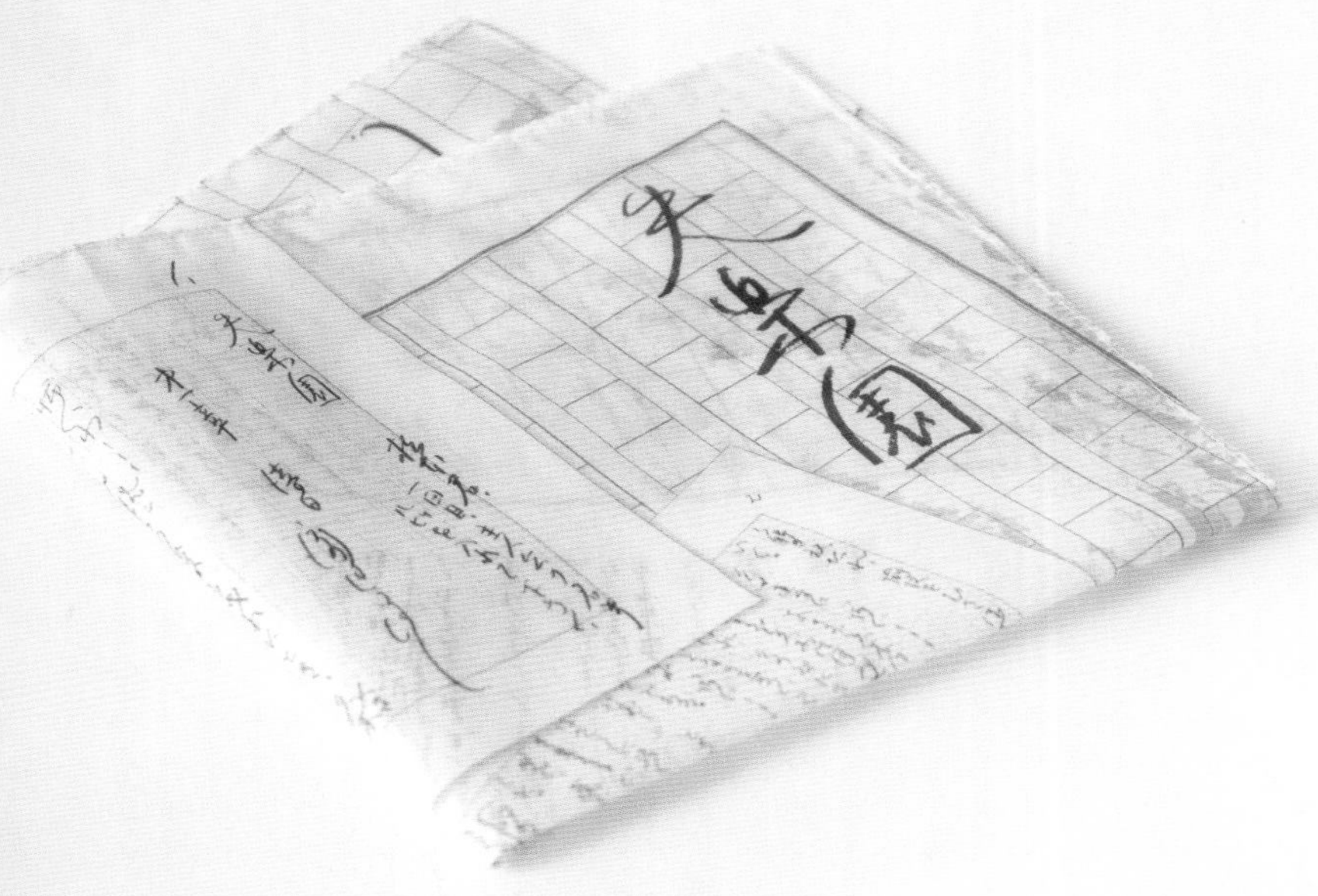

Point

ポストカードなどを購入した際のラッピングもとても素敵です。袋は渡辺淳一オリジナルの原稿用紙を模した紙で作られており、袋を閉じるシールは落款印を捺したもの！

建築も、展示も、グッズも、カフェも楽しい

渡辺淳一の世界観に浸れる！　あの作品がハンカチに

北海道札幌市の中島公園に隣接する、渡辺淳一文学館。建築家の安藤忠雄によって設計されました。「真っ白な雪の中で白鳥が片足をあげて立っているようなイメージ」とのこと。中に入ると、すっと気持ちいい風が流れています。2階の展示室では、渡辺淳一の創作メモや直筆原稿など、生い立ちから作品の紹介まで豊富な資料が展示されています。映像化された作品も多く、ポスターや台本が展示されているのも見どころ。収容人数100名の地下ホールでは、コンサートや演劇が催されています。ミュージアムグッズは、安藤忠雄の建築図面のポストカードセットや、渡辺淳一のサインが印刷されたメモ帳などがあります。中でもおススメは、「失楽園ハンカチ」。新聞連載当時から話題を呼び、1997（平成9）年には流行語大賞も受賞した「失楽園」。その直筆原稿がプリントされたハンカチがあるのです。これは絶対に人と被らない！　力強い筆致から、この作品にかける思いが伝わってくるようです。

How to use

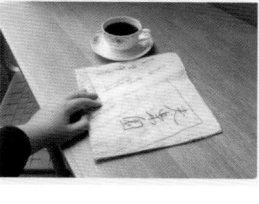

渡辺淳一文学館は1階の図書室、カフェも楽しい。ハンカチを手元にそっと置いて、温かいコーヒーを飲みながら、渡辺淳一の作品を読みふけるのも楽しみのひとつです。

Information

渡辺淳一文学館

〒064-0912
北海道札幌市中央区南12条西6丁目414

http://watanabe-museum.com/

✓ ショップURL
http://watanabe-museum.com/souvenirs/souvenirs.html

お問い合わせ

TEL 011-551-1282　**FAX** 011-551-1286
MAIL info.watanabe.bungaku@ac.auone-net.jp

写真提供：渡辺淳一文学館

Column 03

そんなに大量のミュージアムグッズ、どうしてるの!?

博物館に行けば大量のミュージアムグッズを購入します。その時に役立つのは、100円ショップで購入したジッパー付きのクリアパック。サイズはA5、A4、B4を揃えて持って行きます。ミュージアムショップを出たら、すぐに近くのベンチでパッキング。買い物の内容と量に合わせてサイズを選び、館内でもらったフライヤーやチケットはもちろん、レシートやショッパーもまとめて入れてしまいます。こうすることで、関連する資料がバラバラにならずに持ち帰ることができます。そして何より「定型化」できるので、収納する際にも取り出しやすい。透明な袋なので中身もわかりやすく、ジッパーが付いているので、空気を抜いてしまえばスーツケースの中でもコンパクト。帰りのパッキングが楽になります。

一度北海道外に出てしまえば1週間以上は帰れず、スーツケースに収まりきらないほどのミュージアムグッズを手に入れることもしばしば。そんなときのために、旅行の際にはパッカブルのボストンバッグを忍ばせます。大容量で33リットルもあるので、ぬいぐるみや衣類などの柔らかい素材のグッズを中心にパッキングします。そして、旅先から北海道へ帰るまでの道のりをいかに楽にするかが大切。荷物でぎゅうぎゅうのスーツケースや、グッズでパンパンのボストンバッグは、なるべく滞在先のホテルから自宅に発送してしまいます。

荷物が自宅に届いたら、パッキングしたクリアパックごと収納します。私は押し入れにミュージアムグッズ専用の引き出しを格納して、その中にクリアパックごと入れています。引き出しは大まかに、「常設で手に入るグッズ」ゾーンと、「企画展で購入したグッズ」ゾーンに分けています。企画展で購入したグッズは、なるべく早めにSNSやブログなどで紹介。「展覧会に行きたい！」と思っている人の背中を押すような内容で紹介します。常設で購入できるグッズは、自身のリトルプレスや他媒体での紹介用にしています。

「ミュージアムグッズはすぐ使う派」もいれば「もったいなくて使えない派」の方もいると思います。私はすべて資料用に保存し、どうしても使いたいものがあれば2個買いします。でもそのケースはほとんどなく、基本的には保存用。私にとっては大事なフィールドワークの成果なのです。

4

もっと深く学びたい

Location 茨城県

地質標本館

フォトスケール 290円(税込)
鉱物トランプ 890円(税込)
フィールドノート(全4色) 910円(税込)
手ぬぐい(全5種) 680円〜790円(税込)
※写真は「放散虫手ぬぐい(全2色)」790円

ミュージアムグッズは研究者そのもので、生き写しのような存在なんです

茨城県つくば市にある地質標本館には、約15万点もの岩石・鉱物・化石などの登録標本が収められており、国立研究開発法人産業技術総合研究所（略して産総研）地質調査総合センター（GSJ：Geological Survey of Japan）の研究成果が展示されています。そこのミュージアムグッズが非常に面白い、という情報を入手しました。調べてみると、放散虫の手ぬぐいに、鉱物トランプ、岩石薄片の顕微鏡写真が使われたコースター……！これは地質ファン必見の内容です。さらに、研究者が標本や露頭を撮影する際に使用するフォトスケール、表紙の色が4色もあるフィールドノートなど、プロ仕様のグッズが購入できるだなんて。

ということで、地質情報研究部門平野地質研究グループ長の中島礼さん、地質標本館室運営グループ長の常木俊宏さん、地質標本館室運営グループ主査の澁谷史さんにお話を伺ってきました。

様々な立場のスタッフの知見を集めて

――地質標本館は2020（令和2）年で開館40周年ですね。ミュージアムグッズはどのタイミングから力を入れ始めたのでしょうか。

常木　ミュージアムショップを始めたのは2001（平成13）年頃です。元々ここは1882（明治15）年に創設された地質調査所と呼ばれる国立の研究所で、独自の研究成果としての地質図や地球科学データ集という地球科学図類を出版し販売していました。

中島　地質図とは何かというと、地面の下にどんな岩石や土や泥が分布しているか色分けして示す地図で、資源探査や建設工事、防災に役立ちます。私共はこの地図を百年以上作っています。

2020（令和2）年で開館40周年を迎えた地質標本館。

常木　当初は絵葉書がスタートで、あまり積極的な売り方をしていなかった、というのが正直なところですね。大きく変わったのは2015（平成27）年頃です。

中島　当時のセンター長の鶴の一声で、ミュージアムグッズなどの物品の販売を積極的にできるようになりました。

――初期のミュージアムグッズにはどのようなものがありましたか。

中島　初期に開発したのがこの放散虫の手ぬぐいです。最初は色も青ひとつだけでした。当時のセンター長とデザイナーでアイデアを出し合いながら開発しました。当時からこの地質標本館は、私たちの研究を一般の人達に理解してもらうための窓口だという意識でおります。そのため、ミュージアムグッズは、私達の研究の成果であるという意識で取り組みました。そしてミュージアムグッズを通じて、私たちの活動に興味を持ってくれる人が増えるということが徐々に分かってきました。それなら、ミュージアムグッズを少しずつ増やしていくのがよいことなのではと思い、現在まで取り組んでいます。

――現在はどのような方がミュージアムグッズを開発していますか。

澁谷　ミュージアムグッズは専任の開発者がいるわけではなく、日常では他の業務を担当している職員の中から、ミュージアムグッズ開発の特別チームを立ち上げました。メンバーは10名ほどで、化石や鉱物の研究者だけでなく、デザイナーや展示解説担当の職員から事務系の職員まで、色々な意見を聞きながらチームで開発しています。例えば、1、2点新商品を開発したいので招集をかける、というスタンスですね。研究成果の発信を趣旨として、ミュージアムグッズには必ず研究者による最新の解説を入れることで、グッズとしての付加価値を高めています。

中島　解説については、私は化石を専門として研究をしていますが、私が解説を書くと、「ああいうことも書きたい、こういうことも書きたい」とものすごい量になります。でもチームで開発をすることで、「ここはコンパクトにした方がいい」「この内容がわかりにくい」などの議論ができます。そうすることで、専門性を大切にしつつ、分かりやすいものを作ることができていると思います。以前は研究者のみでミュージアムグッズ開発を進めていたのですが、今のチームでやることで、グッズの質が上がった手応えがあります。

常木　私たちは売上を目的に開発しているのではありませんが、おかげさまで販売の点数も増えてますし、必然的に売上も上がっていますね。

地質調査研究の文脈によって生まれたもの

――イチオシのミュージアムグッズは何ですか。

常木　例えばこのフォトスケールは、中島さんを中心に開発しました。プロ仕様なんですよね。

中島　フォトスケールとは、野外調査で地層などの写真を撮影するときに、スケールとして写し込む定規みたいなものです。私は野外での地質調査を主務とする研究グループに所属しています。そのため、仲間たち10人くらいに話を聞いて、「この硬さがいい」「この大きさがいい」などと意見をもらいました。裏面に、野外調査をする際に参考になる情報を入れたり、写真を撮る時に太陽の光が反射すると困るので、つや消しっぽい素材を使いました。色んな情報を集約して開発したので、自慢の一品かもしれないですね。

――ご専門の方の意見が反映された物が開発できるというのは、研究所が開発するミュージアムグッズの強みですね。

中島　コンセプトとしては「オンリーワン」といいますか、私たちしか作ってない、私たちじゃないとできない物を開発したい、という思いはありますね。ただ、それだけでは地味なミュージアムグッズが増えてしまいます（笑）。マスキングテープなど、デザインにも力を入れることで、色んな人に興味を持ってもらえるものを並行して作っていく必要はあると思います。

――フィールドノートもオリジナルで開発されていますよね。

中島　元々研究用に、地質図を作る部署で特注でフィールドノートを作っていたんです。調査する時はそれを持って書いていました。既製品のフィールドノートですと、紙がちょっと薄かったり、水に濡れると字が見えなくなってしまいます。私たちはそのようなことを何十年も前から知っていたので、水に濡れても大丈夫で、紙の硬さも適度に、サイズ感もジャケットやジーンズのポケットに入れられるように作っていたものを、販売用

見よ！　この圧巻の展示室！　一日かけてじっくり見て回りたいですね。

日本式双晶好きな筆者にとっては垂涎！　地質好きにはたまらない標本ばかりです。

にアレンジしてミュージアムグッズにしています。

――フィールドノートをオリジナルで作っていた歴史や文脈があったからこその一品なんですね。

常木　まさに私たち、専門家が使うものをグッズにしたので、これもオリジナリティかなと思います。

――ミュージアムグッズに掲載されている標本は、すべて地質標本館の収蔵品ですよね。

中島　そうですね。解説書や写真の下などにGSJの番号が書かれています。これは地質標本館に収蔵されている登録標本であるという証です。私たちが開発しているミュージアムグッズに掲載されている標本は、ほとんどが地質標本館に展示されています。研究成果には、元となる基礎データが大量に必要で、そのデータが地質標本館にちゃんと登録され、研究の質を担保している、という証がこのGSJの番号で、グッズには私たちの研究成果を使っている、という証拠になります。

学びを定着させる補助ツールとして

――地質標本館における、ミュージアムショップ、グッズの役割をお聞かせください。

中島　地質標本館における展示やミュージアムグッズは、ひとつひとつが研究者の生き写しといいますか、研究者そのものなんです。ぜひミュージアムグッズを見て「この研究者は何を言いたかったのかな」「この研究はどういうことに役に立つのかな」と考えてみてほしいですね。

常木　私たちが取り扱っているミュージアムグッズは全てオリジナルで、いかに研究成果を商品化するかというところがポイントです。なおかつ、この研究成果をいかに買ってもらえるようにできるかという、市場調査もしています。専門家の意見を反映させる部分と、売れるかどうかという調整がなかなか難しいですね。私たちとしては「ここでしか買えない」という点を楽しんでいただきたいです。「通信販売できませんか」というお問い合わせもいただくのですが、元々の私たちのコンセプトから外れてしまいますので、お手数はおかけしますが、ぜひお越しくだされば嬉しいです。

澁谷　そうですね。ミュージアムグッズは、あくまでもここに来て見学するときの補助ツールという位置づけで開発しています。そういう意味では、ここで楽しんだ余韻を持って帰れる形にできるのがグッズの良いところかなと思っています。もしミュージアムグッズに何も研究成果が載っていなければ、「地質標本館楽しかったね」「ミュージアムグッズも可愛いね」だけで終わってしまうのかもしれません。ミュージアムグッズの形で研究成果を持ち帰っていただいて、ここで学んだことや感じたことを振り返るきっかけになればいいなと思っています。グッズを買いたいという動機でもいいので、ぜひ足を運んでくだされば嬉しいです。

Information

地質標本館
〒305-8567
茨城県つくば市東1-1-1
https://www.gsj.jp/Muse/
✓ **ショップURL**　https://www.gsj.jp/Muse/access/shop.html

お問い合わせ
TEL 029-861-3750

Location 大阪府

JT生命誌研究館

ペーパークラフト
他人のそら似を生む進化シリーズ
全4種類

各440円（税込）

> 私たちひとりひとり、細胞のひとつひとつに、生命の歴史が詰まっているんです

「ねぇ、これ知ってる？　たぶんあなたこれ好きだと思うんだよね」会社勤めをしていたころ、先輩がある小冊子を私に手渡してくれました。表紙には季刊「生命誌」とタイトルが。紙製のパッケージを開くと、そこにはカードとペーパークラフトが収められています。季刊「生命誌」はJT生命誌研究館のウェブコンテンツ。無料で郵送されるカード型の小冊子にはそのエッセンスが詰め込まれており、ペーパークラフトもウェブサイト上からダウンロードすることができます。早速私も小冊子を申込み。年4回の発行を待ち望む日々が始まりました。

そんなJT生命誌研究館にも魅力的なミュージアムグッズがたくさん。その中でも「ペーパークラフト　他人のそら似を生む進化シリーズ」が特に気になりました。「背中のヒレは王者のしるし（ホホジロザメとイクチオサウルス）」、「ヤドカリの王とカニの女王（タラバガニとズワイガニ）」など、タイトルも気になるものばかり！　ということで、JT生命誌研究館表現を通して生きものを考えるセクターの村田英克さんにお話を伺ってきました。

ひとつのインプットで、複数のアウトプットを

――ＪＴ生命誌研究館では季刊誌「生命誌」を発行されていますね。

村田　季刊「生命誌」では、毎年、テーマを決めて、その言葉から「生きていること」を考えるために様々な分野の研究者や研究を取材します。館内で行っている研究も発表できる段階になったら取り上げますが、生きものの研究って成果を生み出すまでに時間が掛かるものです。常に、さまざまな研究者、研究の現場との出会いから、私たち自身が、その都度、驚き、考えることを大切にしています。

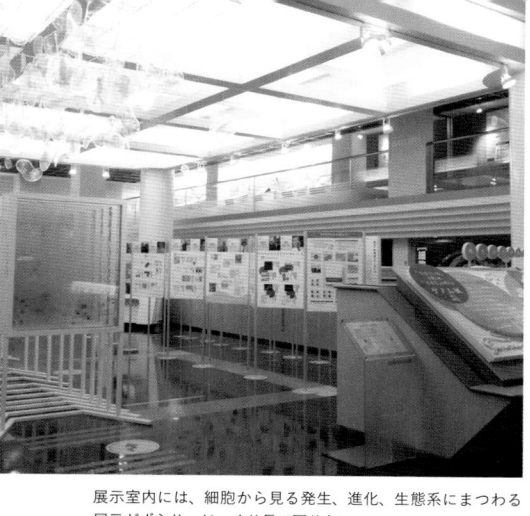

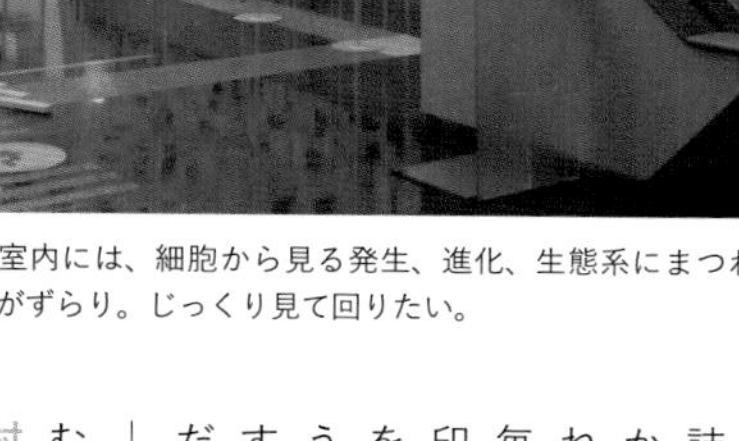
展示室内には、細胞から見る発生、進化、生態系にまつわる展示がずらり。じっくり見て回りたい。

作り手がワクワクしていなければ、その作品を手に取った方が面白いと思うはずがありませんから。取材する対象は生物学が基本になりますが、人文学や芸術家の方々にも取材します。「生きていること」を考えたいので自ずと扱う分野は広がります。

――「生命誌」とミュージアムグッズはどのような関係がありますか。

村田　例えば、今年のテーマを「細胞」と決めたら、関連分野の研究に取材して、春夏秋冬の節目で、季刊誌を発行しています。そして、一年をかけた知見のまとまりから新しい展示などを考えるという、ひとつのリソースから複数のアウトプットを生み出すことを大切にしています。たった5人のチームで季刊誌、展示、映像、ホームページ、催し、それから研究館グッズまで手がけていますからね。ペーパークラフトはカード型の季刊誌に毎号のお楽しみとして付けているものです。印刷物ですが、読み物として表裏に絵と言葉を刷る2次元の表現にとらわれずに、紙という媒体で多次元の表現に挑戦したかったのです。これまでのペーパークラフトの中で人気だったものを「研究館グッズ」にしています。

――「ペーパークラフト　他人のそら似を生む進化シリーズ」はどのようなテーマですか。

村田　「他人のそら似シリーズ」も4種類ありますが、これは数年前の季刊誌付属のお楽しみのペーパークラフトとして年4回、毎回、試行錯誤して作られたものです。テーマは収斂進化（しゅうれんしんか）で、それを「他人のそら似」という言葉で表現しました。形態ではよく似た生きものも、ゲノムDNAを見てみるとかなり離れた系統の種だったということがあります。離れた場所でも似たような環境の下で暮らしていると、形態などの表現型が似てしまうことがある。翼で海を泳ぐ鳥と言えばペンギンですね。「北のペンギン、南のペンギン（オオウミガラスとフンボルトペンギン）」では、北極のペンギン（オオウミガラス）は絶滅してしまいましたが、南極のペンギンとは異なるグループの鳥類として、それぞれ違う時代、異なる場所で、海に進出し、同じように翼で水中を泳ぐように適応したようです。それを表現しました。

チョウの食草を観察できる「Ω食草園」。異なる植物に、異なるチョウが集まります。

「生き物の物語」を聞かせてもらうために

——JT生命誌研究館の1階エントランスホールでは「生命誌絵巻」が展示されていますね。

村田　1993（平成5）年、JT生命誌研究館の開館に向けて描かれたのが、この「生命誌絵巻」です。生命誌研究館って、一体何を研究するのか、何を伝えたいのかを表現した最初の作品です。ゲノムDNAを読み解くことで知る生きものの世界の展開を、絵物語として表現しています。ここに描かれているのはすべての生きものがもつ38億年の時間です。「絵巻」って普通、右から左に描かれますよね。時間って、始まりから終わりに向けて一方向に進んでいくものだというのが私たちの日常感覚ですから。でも生きものが持っている時間は、進むほどに扇を開くように広がり、多様に展開していくのです。画面の下、扇の要に描いたのが38億年前に地球上で最初に生まれた細胞です。細胞には、自分と外とを分ける膜があり、遺伝情報を持ち、代謝し、自分と同じものを複製して、進化しながら続いていくことができます。細胞は「生きている」基本単位です。

——扇の天にあたるのが現在の私たちのいる自然界ですね。

村田　「生命誌絵巻」が扇の形をしているのは、今、生きている生きものは、38億年前の共通のご先祖様から多様化したことを表しています。生きものが違えばゲノムも違います。ゲノムにはその生きものがどのように生きるかというレシピのようなものが詰まっていて、皆そのノウハウを伝承しているわけです。今、生きている生きものはどれを見ても、身体をつくる細胞一つ一つのゲノムの中に38億年分の伝承が詰まっているわけです。それを読み解く作業をゲノム解読と言いますが、つまり、その生きものの歴史、生きた物語に耳を傾けるということです。それが生命誌という学問だと私たちは考えています。

館内に展示されている生命誌絵巻。JT生命誌研究館の根幹にあたります。

ここは「科学のコンサートホール」

——JT生命誌研究館において、ミュージアムグッズはどのような位置づけにあるのでしょうか。

村田　現代科学はかなり細分化していて、分野ごとに研究の現場は専門性が高く、一口に生物学と言っても、専門家同士で用いる言葉が違って話が通じ合えないこともあるわけです。でも研究者一人一人は、生きもの研究に情熱をもって取り組んでいて、そんな現場感覚の魅力そのままを、どうにかしてお茶の間に届けたいという思いが「表現を通して生きものを考える」モノ作りの原動力なのではないでしょうか。英語で私たちのセクター名は“Science communications & Production”としていますが、サイエンス・コミュニケーションよりは、プロダクションに重心を置いています。一人歩きを始めた作品が、結果、作り手の思いを超えて多くを生み出す、世の中を動かすことを願っています。「研究館グッズ」も制作から販売まで含めてそのような表現の一つです。日常感覚の「生きているってどういうこと?」という問いに答えられる物語を編む、その具体的な素材としてさまざまな分野の研究を取材し、ひとつの大きな絵物語を織り上げる。そこに「知の総合化」の生成を期待しています。個々の説

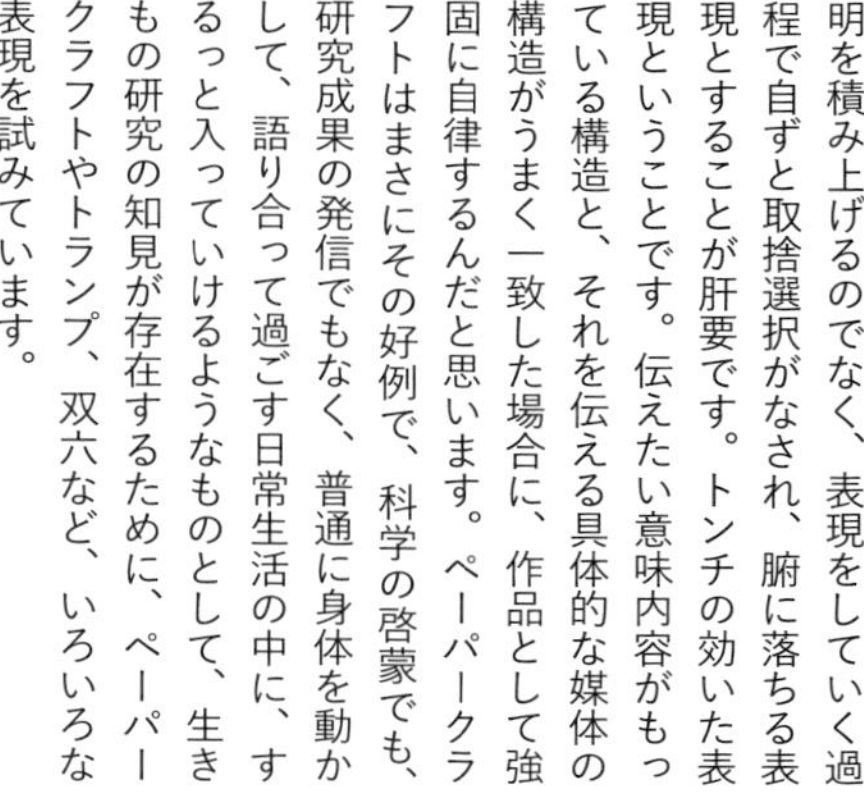

明を積み上げるのでなく、表現をしていく過程で自ずと取捨選択がなされ、腑に落ちる表現とすることが肝要です。トンチの効いた表現ということです。伝えたい意味内容がもっている構造と、それを伝える具体的な媒体の構造がうまく一致した場合に、作品として強固に自律するんだと思います。ペーパークラフトはまさにその好例で、科学の啓蒙でも、研究成果の発信でもなく、普通に身体を動かして、語り合って過ごす日常生活の中に、するっと入っていけるようなものとして、生きもの研究の知見が存在するために、ペーパークラフトやトランプ、双六など、いろいろな表現を試みています。

――研究を伝えるための「表現」として、ミュージアムグッズがあるということでしょうか。

村田 設立以来、生命誌研究館のキャッチコピーは「科学のコンサートホール」です。演奏家は、音符が並ぶ譜面を見ると、頭の中で音楽がイメージでき、一人で涙することもできます。でも、私もそうですが、専門家でなければそれはできませんよね。コンサートホールに行って、オーケストラで演奏してもらって初めて感動できる。科学もそういうものではないかということなのです。科学の場合、その成果は、論文として発表されます。全部英語、専門的な用語が溢れ、日常的な読み物とは言えません。でもその中に、生きものについての面白い研究成果が詰まっています。その内容を皆さんに共感してもらう試みが、私たちの表現であり、その体験の場が研究館の展示ホールです。ですから、参加してもらうことが大切です。ペーパークラフトなどの研究館グッズを開発しているのも、「生きている」ってどういうことかを、日常の楽しみの一つとして一緒に考えてほしいからです。私たちのモノ作りに響いてくださった方は、日常と科学を垣根なく行き来できると思います。そのような形で「生きている」ことを大切にする日常感覚を広げていきたいと思っています。

上／今回お話を伺った、JT生命誌研究館表現を通して生きものを考えるセクターの村田英克さん。下／ミュージアムショップに並ぶ、完成したペーパークラフト。買って帰って組み立てたくなります。

Information

JT生命誌研究館

〒569-1125
大阪府高槻市紫町1-1
https://www.brh.co.jp/

✓ **ショップURL** https://www.brh.co.jp/exhibition_hall/goods/

お問い合わせ
メールフォーム https://www.brh.co.jp/contact/

Location 茨城県

水戸芸術館現代美術センター

おうち・こらぼ・らぼ アーティストキット
松村泰三「光の箱」

1,300円（税込）

来館者も、アーティストも、スタッフも、ここは互いに学びあう場なんです

東京駅から来たバスを降りて歩く。市街地ににょきっと現れた高さ100mの塔に、思わずのけ反ってしまいました。水戸芸術館は市制100周年記念施設として建設され、1990（平成2）年3月22日に開館しました。音楽・演劇・美術の各部門から芸術活動を発信し、市民の憩いの場にもなっています。ミュージアムショップでは「おうち・こらぼ・らぼ」というグッズが販売されています。これは、水戸芸術館にゆかりのあるアーティストのワークショップを、自宅でも楽しめるようにと、新型コロナウイルスの影響で臨時休館中に企画されたもの。逆境の中でも、現代美術に触れてもらいたい、人の心を豊かにできる体験を諦めたくない。そんな想いが伝わってきます。

今回は、水戸芸術館現代美術センター教育プログラムコーディネーターの佐藤麻衣子さん、ミュージアムショップコントルポアンショップチーフの川島智子さんにお話を伺いました。来館者、アーティスト、スタッフの垣根を超えた、人と人との豊かなコミュニケーションを、ぜひ堪能してみてください。

コロナ禍で生まれた、新しい展開

――水戸芸術館のミュージアムショップの概要を教えてください。

佐藤　水戸芸術館現代美術センターは、オリジナルの自主企画展に力を入れて活動しています。ミュージアムショップも企画展に合わせて品ぞろえやレイアウトを変えていますし、コンサートホールATMやACM劇場もある複合文化施設ですので、音楽や演劇の分野もカバーしています。CDも充実しているので、グッズのラインナップが他のミュージアムショップと少し違うかもしれません。

11組のアーティストと開発したワークショップキットが並ぶ（一部完売あり。2020年11月に1種類追加）。

川島　当店には、一般の書店ではあまり見かけないラインナップがあるので、本を買うためにミュージアムショップに来てくださる方も多いです。

――新型コロナウイルスの感染が拡大する中、ワークショップキットの販売を始めましたね。

佐藤　2020（令和2）年3月から5月にかけて臨時休館していました。休館中、何かできることはないかとスタッフでディスカッションをし、いくつか案がある中、以前からやりたいと思っていたワークショップキットの販売が実現しました。今回は、松村泰三さんの「光の箱」をお持ちしましたが、2か月間で11人のアーティストに交渉して制作しました。

――2か月間で11人のアーティストと制作をするというのは、急ピッチな作業だったのでは。

佐藤　私を含めた2名の教育普及担当で、アーティストとの進行を分担しました。キットの材料は、アーティストが用意するもの、私たち教育普及担当が用意するものに分けて。アーティストに余り布を送付してもらい、他のスタッフにも手伝ってもらいながら細かく端切れにする、という作業もやりました。

川島　アーティストのメッセージが入っているのも素敵なんですよ。

佐藤　それは絶対に入れたいと思っていました。この先どうなるか分からない不安な状況の中で、アーティストのメッセージが入っていることで、勇気づけられると思います。アーティストの視点があることで、違う考え方が生まれるような温度感を大切にしてキットを制作しました。

川島　店頭では市民の方が買ってくださるのですが、オンラインショップでは日本全国の方にご購入いただきました。ここは基本的には市民のための社会教育施設なのですが、「水戸芸術館には行ったことがなかったのですが、落ち着いたら行きます」というお声もいただけるんです。いろんな力が集結して、新しい展開が生まれました。

アーティストがキット制作に理解を示してくれた

──キット制作に参加されたアーティストは、過去にこちらでワークショップを開催されたことがある方でしょうか。

佐藤　基本的には、ワークショップを実施したアーティストに声をかけていきました。「ワークショップに参加したかったけど行けなかった」「楽しかったのでもう一回参加したかった」という方にも、同じように体験していただけるように工夫しましたね。

川島　当時、松村泰三さんの「光の箱」のワークショップに参加してくださっていた大学生が、先日、娘さんを連れてこのキットを買いに来てくださいました。展覧会や教育プログラムで出会った方が、こうやって帰ってきてくださるのが一番嬉しいですね。このキットのおかげで、そのような来館者の動きを捉えることができました。

──キット制作に協力されたアーティストの方の反応はどうでしたか。

佐藤　コロナ禍でお仕事が減っていたという声もあり、喜んでいただけましたね。また、ここは公共の施設なので、同じアーティストと何度もワークショップを開催することが難しく、こういった形でまた一緒にお仕事ができるのが嬉しいです。

──アーティストとのワークショップをグッズにする、というのは画期的なアイデアですね。

佐藤　そうなんです。ワークショップなら直接参加者に、作り方のアドバイスもできるのですが、キットではそれができないので、作り方のテキストをアーティストと一緒に考えました。それが実はすごく良くて。どうやったらそのワークショップの良さや、アーティストの視点が伝えられるのか再考できました。あと、材料を予め揃えてキットにしてあるので、すぐに制作できるのもポイントです。紙やすりや木材などの特殊な材料を、ホームセンターに買いに行かなくてもいいですしね。

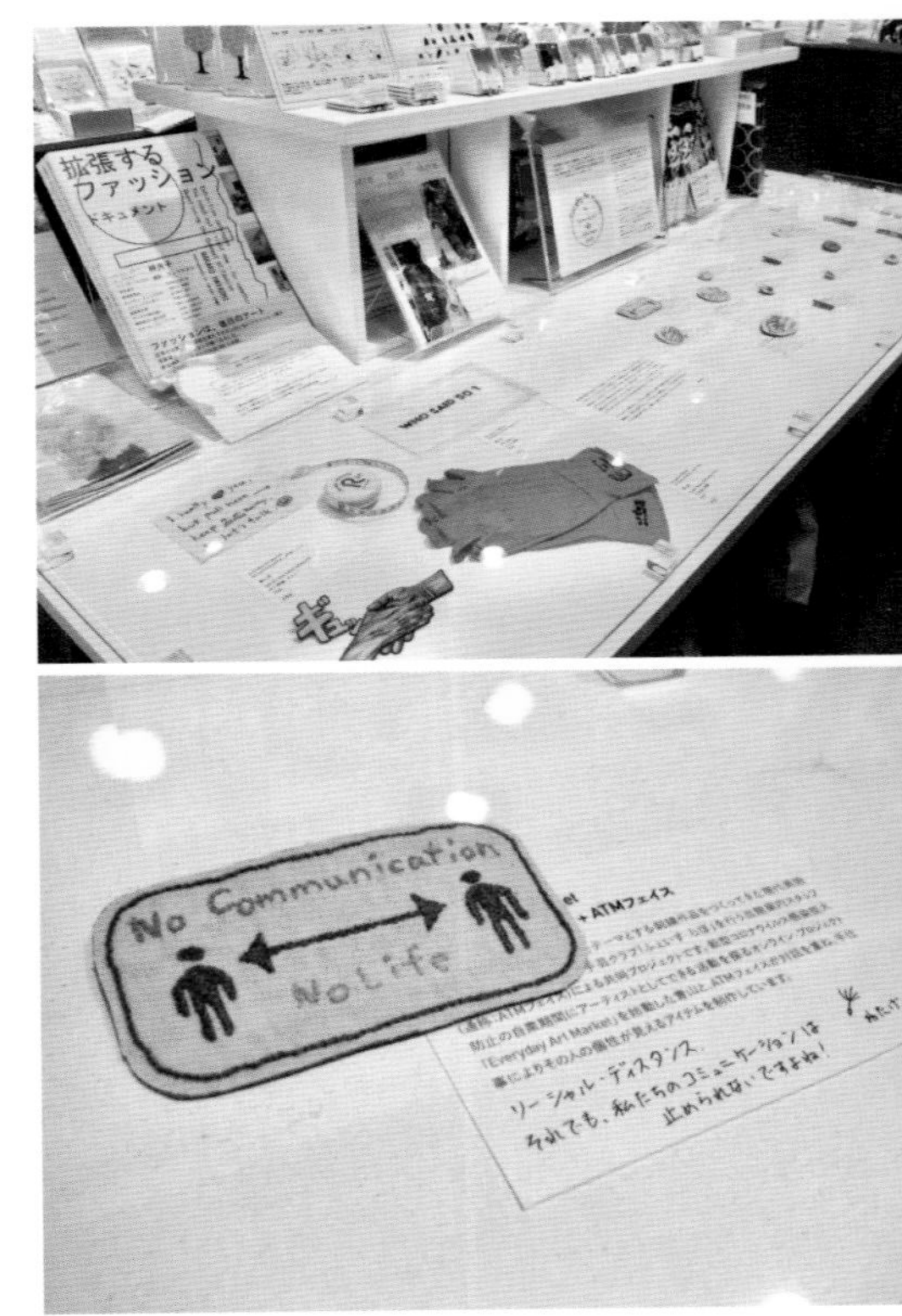

上／「Everyday Art Market by Satoru Aoyama + ATMフェイス」のコーナー。下／「ふぇいす・らぼ」のメンバーの作品。オンラインショップでも購入が可能です。

「アイデアはシェアするものだから」

──「Everyday Art Market by Satoru Aoyama + ATMフェイス」というプロジェクトのグッズも販売されていますね。

川島　2014（平成26）年に開催された「拡張するファッション」展で、参加アーティストのパスカル・ガテンさんが、当館の案内スタッフ（以下：ATMフェイス）と共に制服を作るというプロジェクトがありました。これをきっかけにATMフェイスのメンバーが、自発的に手芸部「ふぇいす・らぼ」を立ち上げました。今回は「ふぇいす・らぼ」のメンバー17名と、

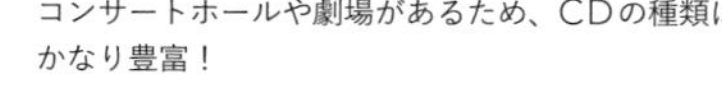

コンサートホールや劇場があるため、CDの種類はかなり豊富！

作家の青山悟さんとの共同プロジェクトで生まれたグッズを販売しています。

佐藤　このグッズもコロナ禍の自粛期間中に誕生しました。青山さんとATMフェイスはオンラインでやり取りをしながら制作を進めていきました。青山さんはご自宅で1人で作品制作をしていらっしゃったので、「ふぇいす・らぼ」のメンバーとお話しするのをとても楽しんでくださって。「すごくエネルギーをもらえる」と言っていました。水戸芸術館は来館者であろうと、スタッフであろうと、アーティストであろうと関係なく、皆で学びあえるのが特徴的な施設ですね。

川島　アーティストとの学びあいで言えば、2014年のパスカル・ガテンさんとのプロジェクトの中で、印象的な場面がありました。ATMフェイスが制服を作る中で、なかなかアイデアが生まれてこなかったそうです。パスカルさんが作ったものをいいなと思っても、「これは真似になっちゃうからダメだよね……」と悩んでいたそうで。するとその姿を見たパスカルさんが、「アイデアはシェアするものだから、真似じゃないよ」と声をかけてくださいました。それからは、ATMフェイスの作るスピードが上がったそうです。その後の「ふぇいす・らぼ」の活動にもつながるお言葉でしたし、水戸芸術館の活動を象徴していると思いました。

――水戸芸術館の財産は、来館者やアーティストやスタッフの関係性そのものかもしれませんね。

佐藤　私たちの強みは恐らくそれだと思います。「こんな密に色んな人とコミュニケーションをとっているんですか」と他の博物館の方に驚かれます。ワークショップの参加者が、次の開催時には運営側になっていることもよくありますね。

川島　学びたい気持ち、楽しみたい気持ちがあれば、そこに上下関係もヒエラルキーもありません。ATMフェイスにも、元々は来館者だった人もいます。

佐藤　ATMフェイスやミュージアムショップが、水戸芸術館の直営であるという点も大きいかもしれません。特にATMフェイスには、案内の仕事だけではなく、赤ちゃんと保護者向けの鑑賞プログラムの時のガイド役になるなど、お客様と積極的にお話しできる機会を設けています。案内をしているだけでは分からない視点が、お客様と直接話すことでまた広がっていって。水戸芸術館の取り組みを深めていると思います。

Information

撮影：田澤純

水戸芸術館現代美術センター

〒310-0063
茨城県水戸市五軒町1-6-8
https://www.arttowermito.or.jp/gallery/
✓ **オンラインショップURL**　https://arttowermito.ec.e-get.jp/

お問い合わせ　**水戸芸術館ミュージアム・ショップ コントルポアン**
TEL 029-227-0492　**FAX** 029-227-0492
MAIL contrepoint@arttowermito.or.jp

Museum Goods Collection

29

Location 東京都

国立科学博物館

豆皿 トロートン天体望遠鏡 865円(税込)

○かわいいを楽しみたい
○感動を持ち帰りたい
○マニアックを堪能したい
☑もっと深く学びたい

Point

このトロートン天体望遠鏡はなんと重要文化財！ 実際に星空を観察しているようなデザインにもグッときます。展示室でぜひ堪能してみてください。

科学機器の発展を、食卓で

星座の和名も楽しめる！　科学技術の発展を持ち帰れる豆皿

食器が好きな方で、豆皿をついつい集めてしまう方、多いのではないでしょうか。醤油、お漬物、お菓子……ちょっとした取り分けにも便利なので、何枚でも欲しくなってしまいます。ちょっと個性的な豆皿が欲しい、そこのあなたにおススメなのが、この国立科学博物館の「豆皿トロートン天体望遠鏡」。望遠鏡が豆皿に？と驚くことなかれ。青一色で描かれた天体望遠鏡と、星座の和名。他にはないデザインとモチーフに釘付けになってしまうはず。このトロートン天体望遠鏡は、1880（明治13）年にイギリスのトロートン・アンド・シムス社から輸入されました。天文学の発展に欠かせない存在でした。現在ではその役目を終え、国立科学博物館の日本館1F南翼「自然をみる技」に展示されています。この展示室には、望遠鏡の他にも天球儀や顕微鏡、地震計など、科学技術の発展に寄り添いつづけた科学機器がずらりと展示されています。今の私たちの暮らしがあるのも、先人たちの研究のおかげ。そしてその研究を支え続けた科学機器について思いを馳せながら、食卓にこの豆皿を並べてみましょう。

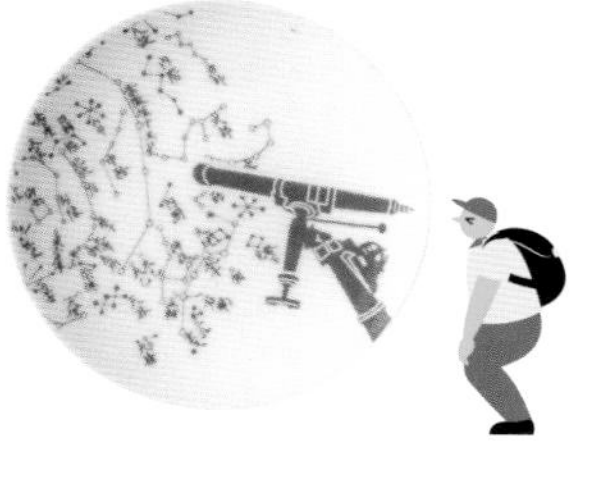
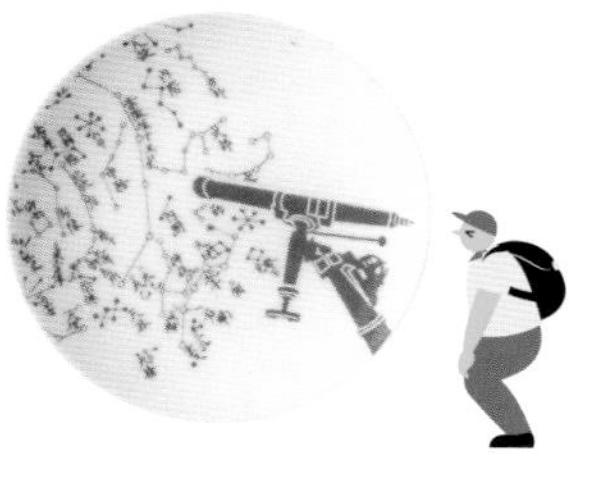

How to use

6枚くらい買い集めて、お客様がいらしたときにお出しすると良いかも。食器としてももちろん、ピアスや指輪などの小物入れとして使うのも素敵です。

Information

国立科学博物館

〒110-8718
東京都台東区上野公園7-20

https://www.kahaku.go.jp/

✓ **オンラインショップURL**
https://www.infoparks.jp/kahaku/

お問い合わせ　**カハクミュージアムショップ**
メールフォーム
https://www.infoparks.jp/kahaku/contact/index.php

写真提供：国立科学博物館

Location 東京都

上野動物園

ほんとの大きさ パンダの仔

147g 1,760円(税込)
284g 2,420円(税込)
608g 3,740円(税込)

Point

3種類揃ったセット販売（5,500円[税込]）もあります。大人買いしてしまうのも手かも。売上の一部はジャイアントパンダ保護サポート基金に寄附されます。

生まれてきてくれてありがとう

赤ちゃんパンダへの愛が爆発するぬいぐるみ

飼育係さんしか知らない、パンダのシャンシャンが赤ちゃんだった頃の大きさ。それをぬいぐるみで体感することができるんです。上野動物園の発売以来人気のぬいぐるみが、この「ほんとの大きさパンダの仔」シリーズです。147gは生後2日目、284gは生後10日目、6089が生後20日目の大きさ。パンダは生後2日目はまだ体がピンク色ですが、生後10日目からだんだん白黒の模様が表れ始め、生後20日目にもなると、地肌が黒い部分からは黒い毛が、白い部分から白い毛が生え始めてきます。その変化が再現されています。そしてなにより、本当の体長と重さが表現されているのが素晴らしい。映像などで見る生まれたての赤ちゃんパンダは、お母さんパンダの大きさに比べてずいぶん小さく見えますが、このぬいぐるみで「生後2日目でこんなに重たいんだ!?」と、その意外な重さに驚くはず。「小さく見えてもこんなにずっしりしているのね……!」とあなたも体験できます。このぬいぐるみで、赤ちゃんパンダへの愛を爆発させてみませんか。

How to use

「赤ちゃんパンダってこんな色してるんだ！」と、子どもと学びながら遊んでみましょう。東京ズーネットYouTubeチャンネルにアップされている動画と見比べるのも楽しい。

Information

上野動物園

〒110-8711 東京都台東区上野公園9-83
https://www.tokyo-zoo.net/zoo/ueno/

✓ **オンラインショップURL** https://www.tokyo-zoo-shop.jp/shop/

お問い合わせ **TEL** 03-3828-5171（代表）

31

Location 三重県

鳥羽市立海の博物館

海女メモロール 950円(税込)

Point

オンラインショップでは、伊勢志摩でとれた美味しい海藻類も販売されています。あおさ、ふのり、ひじき……お味噌汁に入れたり、パスタの具にしても美味しそう！

海に生きる、海と生きる

海と共に生きる、海民の伝統と暮らしを学ぶ

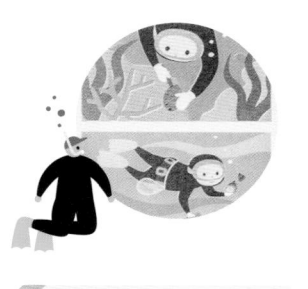

南鳥羽伊勢志摩国立公園内にある鳥羽市立海の博物館では、三重の豊かな海とそこに生きる人々の歴史や暮らしを学ぶことができます。所蔵資料約6万点、6000点を超える国指定重要有形民俗文化財があります。漁師さん、海女さんなど、海に生きる人々は「海民」と呼ばれています。常設展示室では、そんな海民の長い歴史と伝統や、信仰と祭り、食文化などが展示されています。必見は海女さんに関する資料。海女さんとは、素潜り漁でアワビやサザエ、海藻類をとる女性たちのことを指し、志摩半島には、約660人（2017［平成29］年海の博物館調査）の海女さんが現在も活躍しています。展示では、素潜り漁の様子や漁に使う道具、漁獲物の他、魔よけの印セーマン・ドーマンについても学べます。ミュージアムショップでのおススメは「海女メモロール」。「50秒の勝負」「海女の獲物」などの6テーマがあり、海女さんについてかわいい3コマ漫画で学ぶことができます。裏にはメモ欄に加え、コラムも付いています。展示で学んだ海女さんについて、より深く知ることができます。

How to use

テーマごとに切り離して使えるので、使うたびに海女さんについての知識が定着します。「海の博物館に行ってきたよ！」と手紙にして伝えてもいいかも。

Information

鳥羽市立海の博物館

〒517-0025
三重県鳥羽市浦村町大吉1731-68

http://www.umihaku.com/

✓ **オンラインショップURL**
https://umihaku.theshop.jp/

お問い合わせ
TEL 0599-32-6006 **FAX** 0599-32-5581

写真提供：鳥羽市立海の博物館

32

Location 東京都

三菱一号館美術館

ペインター色鉛筆 1,676円(税込)

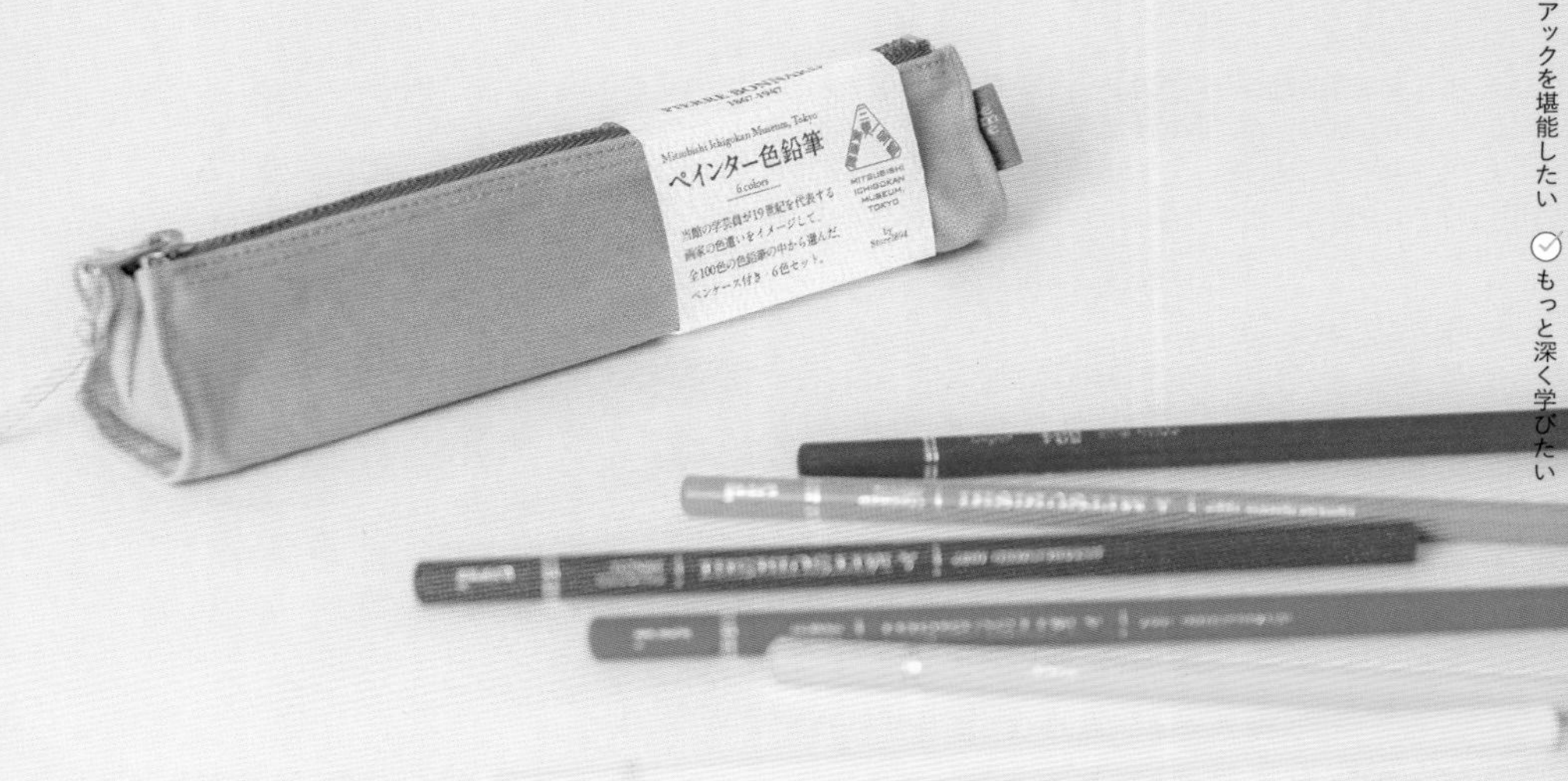

Point

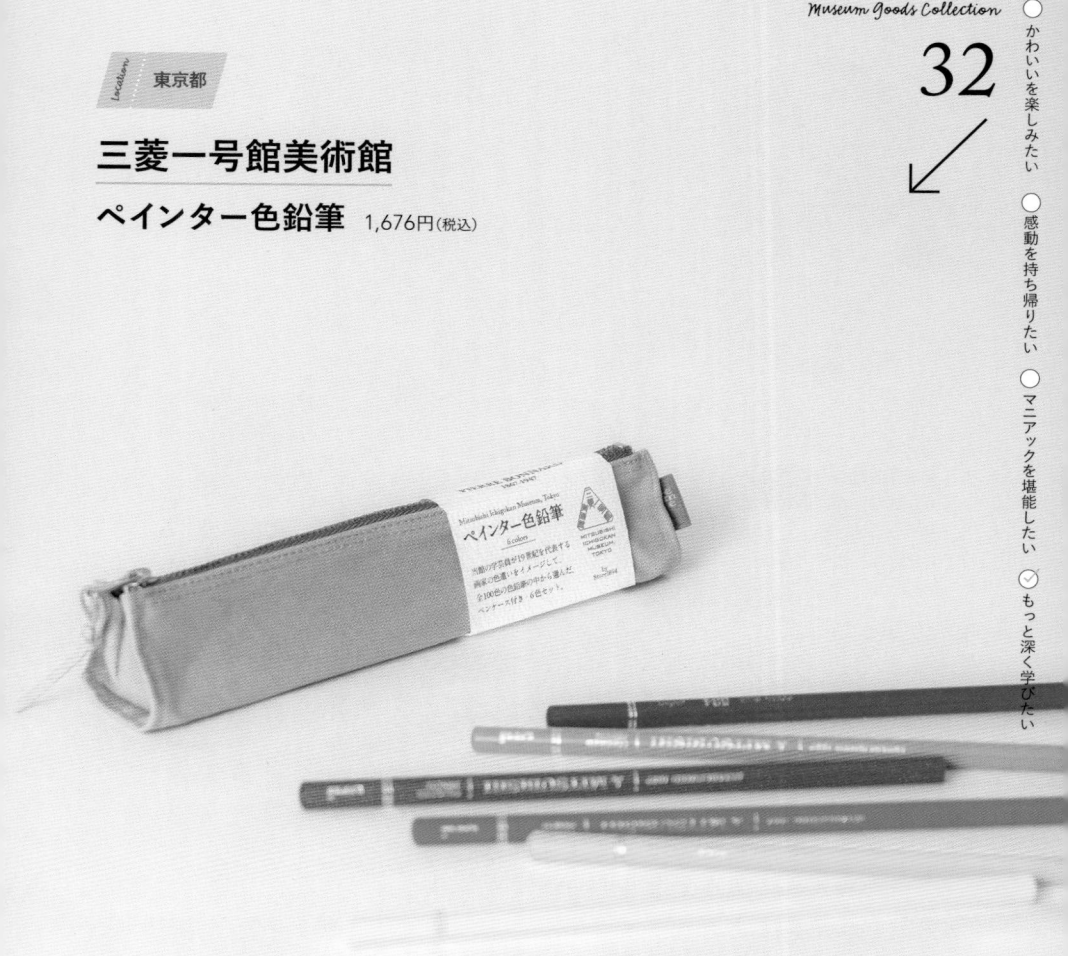

今回紹介するのはナビ派を代表する画家、ピエール・ボナールのセット。日本絵画の影響を感じさせる色使いが、選ばれた6色の色鉛筆で表現されています。

あの画家の色、19世紀の色

モネだったらどの色？　6色で表現された色鉛筆

赤煉瓦の建築が印象的な、三菱一号館美術館。建物は、建築家のジョサイア・コンドルが設計し、1894（明治27）年に建設された「三菱一号館」を2009（平成21）年に復元したもの。翌年春に美術館として開館しました。19世紀末の西洋美術を中心としたコレクションで構成され、この建物が建設されたのと同時期の作品が収蔵されています。ミュージアムショップ「Store 1894」は、そんな三菱一号館美術館の魅力がふんだんに盛り込まれた、心満たされる空間。おススメのミュージアムグッズは、何といっても「ペインター色鉛筆」。三菱一号館美術館の学芸員が、この美術館に縁の深い画家それぞれの色を6色選び、オリジナルペンケースに納めました。それぞれの作家の作風が考慮された、まさに「19世紀の画家達の色」がセレクトされています。2013（平成25）年の販売開始以降人気のグッズで、ロートレック、ルドン、ルノワール、モネ、マネ、ヴァロットンに加え、2015（平成27）年からはゴッホ、ヴュイヤール、ボナールも追加。全9種類のセットが販売されています。作家の独自性を学芸員と共有できる、オリジナリティあふれるグッズです。

How to use

子供と展覧会を見に行って、その思い出の絵を描くのに使っています。「ボナールの窓辺の絵が好き、すごく風が気持ちよさそう」という子供の言葉にドキッとしたり。

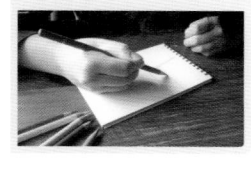

Information

三菱一号館美術館

〒100-0005
東京都千代田区丸の内2-6-2

https://mimt.jp/

✓ **ショップURL**
https://mimt.jp/store1894/

お問い合わせ

三菱一号館美術館ミュージアムショップ Store 1894
TEL 03-3212-7155

写真提供：三菱一号館美術館

33

Location 東京都

日本科学未来館

問いかける鉛筆 330円(税込)

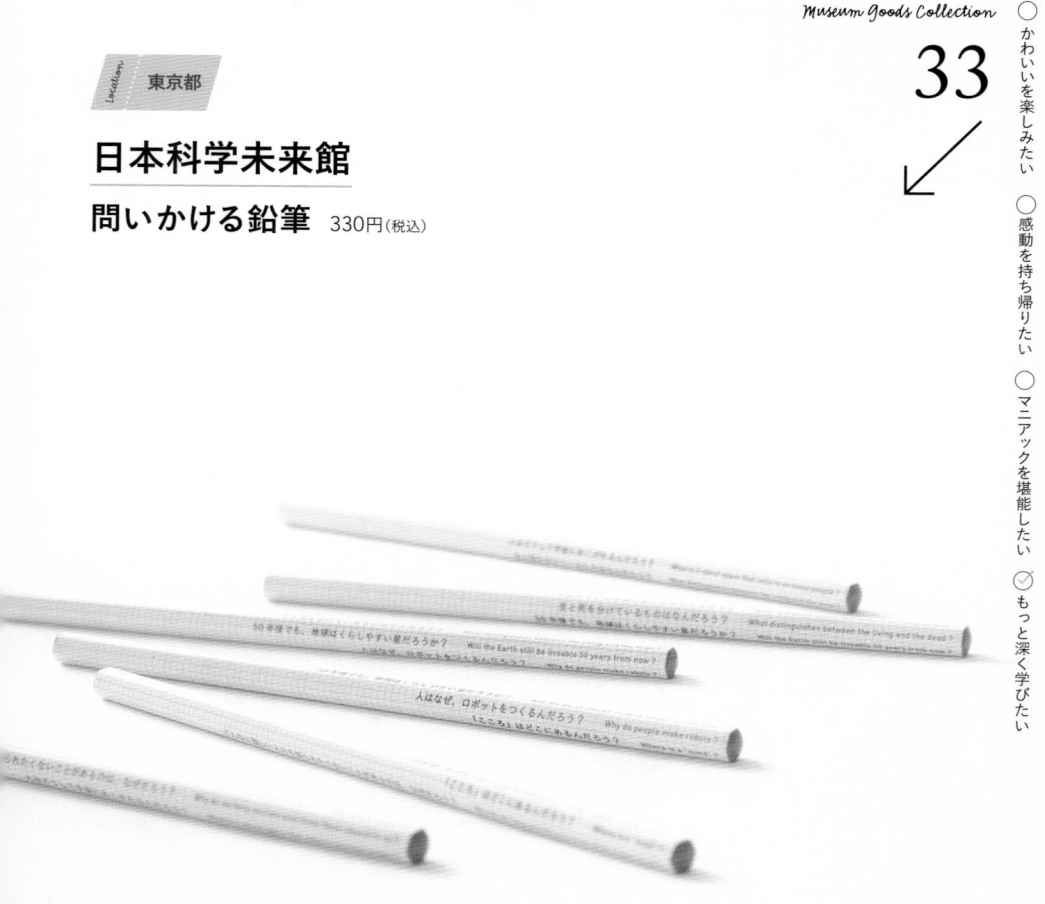

Point

この「問いかける」シリーズは、他にも付箋やノート、消しゴムがあります。仕事用に、勉強用に一式揃えてもいいですね。

問いと向き合え、転がせ未来

科学って何だろう？　本質的な問いを忘れずにいられる鉛筆

日本科学未来館は、「問い」を通じて未来を考えるミュージアム。たとえば3階には、「ノーベルQ―ノーベル賞受賞者たちからの問い」という展示があります。ノーベル賞受賞者たちからの「来館者にいつまでも考え続けてもらいたい問い」を紹介しています。「科学でどうしてもわからないことって、なんだろう？（2002［平成14］年ノーベル物理学賞　小柴昌俊）」「不思議に思う心を忘れていませんか？（2015［平成27］年ノーベル物理学賞　梶田隆章）」などと、科学者たちの問いがたくさん。すぐには答えの出ない問いばかりです。答えはそもそもひとつではなく、来館者の人生それぞれの中にあるのかもしれません。

そんな問いを日常生活の中で忘れずにいられるグッズが「問いかける鉛筆」。六角形の鉛筆の側面には、日本科学未来館からの問いが記されています。「生と死を分けているものはなんだろう？」「どんなに親しい人にも知られたくないことがあるのは、なぜだろう？」あなたなら、何と答えますか？

How to use

悩みを抱えているとき、この鉛筆を転がしてみてください。あなたの未来を切り開いてきたのは、答えのない問いに立ち向かってきたあなただということを、再確認できます。

Information

日本科学未来館

〒135-0064
東京都江東区青海2-3-6

https://www.miraikan.jst.go.jp/

✓ **ショップURL**
https://www.miraikan.jst.go.jp/visit/museumshop/

お問い合わせ

日本科学未来館ミュージアムショップ「Miraikan Shop」
TEL 03-3529-5781（店舗運営：森ビル株式会社）

写真提供：日本科学未来館

Location 京都府

京都国立博物館

京都国立博物館 名品おりがみ 825円(税込)

Point

京都国立博物館のPR大使として活動中のトラりん。主に週末、館内に登場しているほか、ブログや動画もアップしているので、こまめにスケジュールやSNSをチェックしてみてください。

買って、遊んで、守りたい

寄附につながる！ 京都国立博物館の名品が折り紙に

京都国立博物館では、文化財保護基金という取り組みを進めています。2012（平成24）年4月に設立され、京都の文化財を収集、保存、修理することを目的としています。文化財は常に危険と隣り合わせ。自然劣化はもとより、自然災害、盗難、海外流出などの脅威にさらされています。この基金では、貴重な文化財を私たちの先の世代へつなぐ活動を支援する方法として、募金箱などへの直接的な寄附のほか、オリジナルグッズの購入があります。この売上の一部が基金への寄附につながります。オリジナルグッズには文化財保護基金のマークがついており、実店舗でしか取り扱いのない商品もあります。おススメは京都国立博物館の公式キャラクター「虎形琳ノ丞（こがたりんのじょう）」のグッズ。愛称は「トラりん」です。モチーフは、京都国立博物館が所蔵する、尾形光琳の《竹虎図》（江戸時代・18世紀）に描かれている虎。ぜひ紹介したいのは「名品おりがみ」。京都国立博物館の収蔵品のうち、6種類を折り紙で折ることができます。トラりんの再現度の高さに驚いたり、三彩馬を折って遊んだり。貴重な文化財に親しめます。

How to use

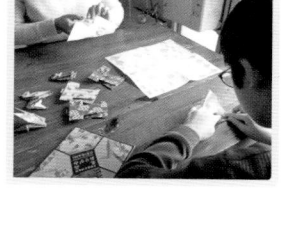

おりがみが好きなお子さんへのお土産におススメ。折線ガイドに沿って折るだけで完成するので、ぜひ挑戦してみてほしいです。

Information

京都国立博物館

〒605-0931
京都府京都市東山区茶屋町527

https://www.kyohaku.go.jp/

✓ **ショップURL**
https://www.kyohaku.go.jp/jp/riyou/shop/index.html

お問い合わせ

ミュージアムショップ 京都便利堂（実店舗）
TEL 075-551-2369

写真提供：京都国立博物館

Museum Goods Collection

35

Location 北海道

北海道大学総合博物館

アンモナイト蜜蝋キャンドル 616円（税込）

Point

かっこいい博物館の建物は、1929（昭和4）年に完成した、北海道大学では最も古い鉄筋コンクリート製の建築物。館内の建築デザインもレトロで素敵。

○かわいいを楽しみたい
○感動を持ち帰りたい
○マニアックを堪能したい
☑もっと深く学びたい

博物館を回る星のように

学生企画商品も揃う！　北大を楽しみ尽くせるミュージアムショップ

1999（平成11）年に開館した北海道大学総合博物館。北海道大学の歴史や今の姿を、多様な実物資料を用いて、来館者の目に映し出しています。ミュージアムショップの名前は「ぽとろ」。アフリカのドゴン族の神話で、シリウスの周囲に「ポ・トロ」という星が回っていると伝えられていることからつけられました。「この星のように、博物館を支えるミュージアムショップであり続けたい」という願いが込められています。その名の通り、ミュージアムショップ内には多様なグッズが並び、連日、多くの来館者の目を楽しませています。大学院生が博物館コミュニケーションに関連する授業の一環で開発した、学生企画グッズなどもあるので、大学博物館ならではのラインナップを楽しめます。おススメは「アンモナイト蜜蝋キャンドル」。リアルな風合いにビックリ。それもそのはず、実際にアンモナイトの化石から型を取って製作されています。本物に触れているような感触を楽しめますね。

How to use

「火を付けてしまうのがもったいない……」と思う気持ちもよく分かります。そのまま飾っても素敵。手持ちの標本たちと一緒に並べてみましょう。

Information

北海道大学総合博物館
〒060-0810
北海道札幌市北区北10条西8
https://www.museum.hokudai.ac.jp/

ショップURL
https://www.museum.hokudai.ac.jp/outline/service/

お問い合わせ
北海道大学総合博物館内ミュージアムショップ ぽとろ
TEL 080-1877-9400

写真提供：北海道大学総合博物館

36

- かわいいを楽しみたい
- 感動を持ち帰りたい
- マニアックを堪能したい
- ✓ もっと深く学びたい

Location 東京都

目黒寄生虫館

立体サナダ Tシャツ 4,000円（税込）

Point

目黒寄生虫館は私立の博物館。基本財産の運用益や、来館者の寄付金で運営しているとのこと。寄生虫研究の使命に共感された方は、ぜひ寄付を！

サナダムシの触り心地

立体加工に注目！ 寄生虫専門の博物館のロングセラーTシャツ

国内の数ある博物館の中でも、その個性はトップクラス！ 目黒寄生虫館はその名の通り、寄生虫の研究、普及啓発を行っている博物館です。博物館の1階は「寄生虫の多様性」、2階は「人体に関わる寄生虫」の常設展示が。「寄生虫って、アニサキスくらいしか知らないかも」「エキノコックスの実物って見たことないなぁ」というあなたにおススメ。知っているようで知らない、寄生虫の世界を学ぶことができます。数あるミュージアムグッズ中からご紹介したいのは、「立体サナダTシャツ」。発売以来、ロングセラーとなっているグッズとのことです。特許技術の立体加工が施されており、触り心地が本物のサナダムシにそっくりだそう。着ると、ちょうどお腹のあたりにサナダムシがくるのもポイント。「これがサナダムシの触り心地なのね……」とドキドキしてしまいます。展示室の2階には、全長8・8mのサナダムシが展示されています。目撃した時の衝撃を、このTシャツで持ち帰ってください。

How to use

一見して「何の模様……?」と不思議がられそうなこのTシャツ。ファッションアイテムとしてオシャレに着こなしてみて。あなたの腕の見せ所です。

Information

目黒寄生虫館

〒153-0064
東京都目黒区下目黒4-1-1
https://www.kiseichu.org/

✓ **ショップURL**
https://www.kiseichu.org/museumshop

お問い合わせ
TEL 03-3716-1264（音声案内）
FAX 03-3716-2322

写真提供：公益財団法人目黒寄生虫館

Location 茨城県

ミュージアムパーク茨城県自然博物館

恐竜研究かるた 990円(税込)

Point

この恐竜研究かるた、元々は企画展のみの販売を予定していたものの、あまりの人気に増刷をし、企画展終了後も継続してミュージアムショップで販売されています。

恐竜研究の様子をのぞき見

恐竜研究の醍醐味がわかる！　遊んで学ぶかるた

ミュージアムパーク茨城県自然博物館は、シンボル展示、総合展示、部門展示、野外施設……と、展示が充実しています。ホームページには、展示を見て回るのにかかる時間は2時間程度とありますが、もっとじっくり見て歩きたい！　総合展示の第2展示室「地球の生い立ち」では、ティラノサウルスの親子とトリケラトプスの緊張感ある対峙が見られ、部門展示では茨城の動植物や地質について詳しくなれます。おススメのグッズは「恐竜研究かるた」。2019（令和元）年の企画展「体験！　発見！　恐竜研究所―ようこそ未来の研究者―」に合わせて製作され、読み札は地学研究室学芸員の加藤太一さんが担当しています。「あ」から「ん」まで、恐竜研究に関する46の話題を絵と言葉で表現しています。「き」の札は、『「恐竜」という分類を作ったリチャード・オーウェン』、「む」の札は「昔と今でこんなに変わった復元図」など。この読み札だけで、恐竜好きにはたまらない逸品だということが伝わるでしょう。遊ぶだけで恐竜研究に詳しくなれますね！

How to use

生き物好き、恐竜好きにはたまらない、仲間で遊ぶと盛り上がること請け合いです。恐竜好きなあの子へのプレゼントにもばっちりです。

Information

ミュージアムパーク茨城県自然博物館

〒306-0622
茨城県坂東市大崎700

https://www.nat.museum.ibk.ed.jp/

✓ ショップURL
http://www.inm-tomonokai.jp/shop.php

お問い合わせ　ミュージアムパーク茨城県自然博物館友の会
TEL 0297-30-2003　**FAX** 0297-38-1999
MAIL tomo@inm-tomonokai.jp

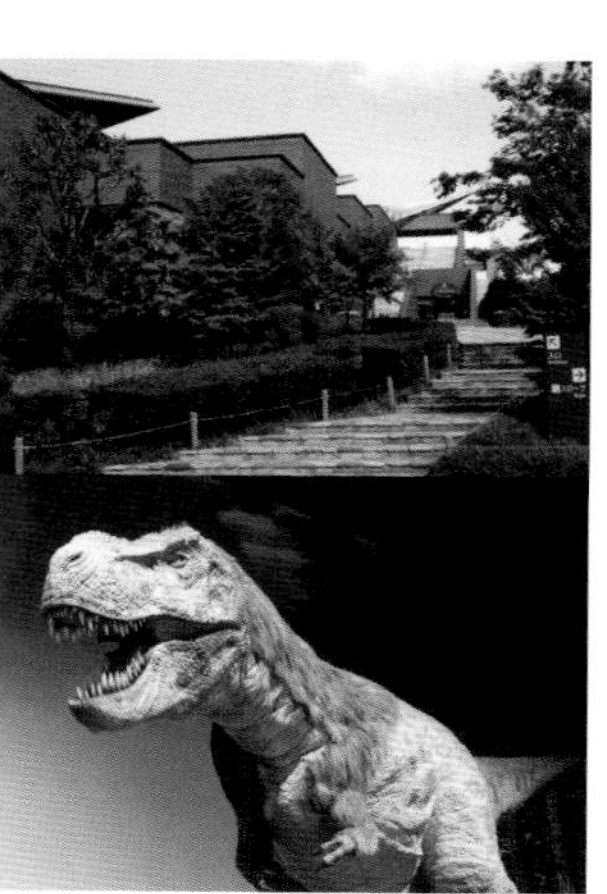

写真提供：ミュージアムパーク茨城県自然博物館

地域別索引

Index

▶ 北海道・東北

▶ 関東

館種別索引（五十音順）

Index

▶ 総合

▶ 郷土・歴史

▶ 自然史・理工

▶ 動物園・水族館・植物園・動水植

▶ 美術

※館種は公益財団法人日本博物館協会の『令和元年度 日本の博物館総合調査報告書』に準拠。

おわりに

Conclusion

ミュージアムグッズ愛好家として活動を始めて早数年。研究自体は学生の頃から数えて10年になりました。ミュージアムグッズ、ミュージアムショップの研究を始めた10年前は、まだまだ博物館の「付帯施設」としての印象が強い状態でした。博物館の使命を表現し、来館者の記憶を持ち帰るメディアとして、その重要性を訴え続けてきたここ数年、少し風向きが変わってきたような気がしています。

首都圏の大型企画展を中心に、ミュージアムグッズの面白さがSNSを中心に広まるようになり、広報手段として、入館料以外の収入源として、ミュージアムグッズやミュージアムショップに注目が集まるようになってきました。筆者としては、一介のブームで終わってほしくありません。こんな風に注目されるようになった今だからこそ、博物館学において語られてきたミュージアムグッズの役割を、今一度読者の皆様に知ってほしくこの本を記しています。

新型コロナウイルスが流行した2020（令和2）年以降、臨時休館を余儀なくされた博物館は少なくなく、中止になってしまった展覧会もありました。集客を博物館評価の柱にすることが難しくなり、もっとコレクションを活用してはどうかといった議論も見られます。そうなると、これまで集客のためのツールとして活用されてきたミュージアムグッズも、その役割が変化していくであろうことは想像に難くありません。ここにきて、潮目が変わってきていると言えるでしょう。

この本では企画展で購入できる限定グッズではなく、博物館内で一定期間購入が可能なグッズを紹介しています。どれも博物館の財産である、収蔵品、研究、建築、ロゴなどを生かしたグッズであり、博物館の魅力、さらには博物館が守っている文化や自然などへと誘う「チカラ」に溢れています。

お手に取って下さった皆さんが、ミュージアムグッズを通じて博物館の魅力を見つめ直すきっかけになりますように。

最後に、この本の出版にあたり、快く取材に応じてくださり、情報をご提供してくださった掲載館のご担当者の皆様に、心より感謝申し上げます。皆様の博物館に対する熱い想いを伝えていけるよう、今後も精進してまいります。

「いつも通りにやっていいからね」と私を励まし、企画を実現させてくださった、国書刊行会の清水範之さん。リトルプレスを自費出版していた頃から、ステキなデザインを提供してくださった、シオリグラフィックの坂田亜沙美さん。グッズたちの姿を柔らかく温かく撮影してくださった、フォトグラファーのR〇C〇さん。快く撮影にご協力いただいたモデルの皆さん、泣き言を言う私の背中を押し続けてくれた家族の皆、本当にありがとうございました。

FUKUOKA ART MUSEUM

大澤夏美 Natsumi Osawa

札幌市立大学でデザインを学んだのち、北海道大学大学院に進学。博物館経営論をベースとして、ミュージアムグッズの研究に取り組む。会社員を経て、現在はミュージアムグッズ愛好家として活動。研究、実践の両面から、「博物館体験」「博物館活動」としてのミュージアムグッズの役割を広めるべく邁進中。

ブックデザイン：坂田亜沙美（シオリグラフィック）
撮影：ROCO、大澤夏美
協力：井原耕太郎、井原陽菜、井原亮輔、奥山智己、品田幹太、品田樹哉、つえたにみさ

ミュージアムグッズのチカラ

2021年7月24日初版第1刷発行
2022年10月10日初版第4刷発行

著者：大澤夏美
発行者：佐藤今朝夫
発行所：株式会社国書刊行会
〒174-0056　東京都板橋区志村 1-13-15
TEL　03-5970-7421
FAX　03-5970-7427
URL　https://www.kokusho.co.jp
MAIL info@kokusho.co.jp
印刷・製本所：株式会社公栄社

ISBN978-4-336-07107-1 C0076
乱丁・落丁本は送料小社負担でお取り替え致します。